日本のおかず

京味　西　健一郎

幻冬舎

目　次

［本書の使い方］
材料に記されている分量は、特に表記のあるもの以外は基本的に4人分です。
1カップは200ccです。
味噌や薄口しょうゆなど塩辛さに幅がある調味料は、味をみながら加えてください。

はじめに　だしのお話

日本料理を作る上で基本的な、そして最も重要な材料です。

おだしをとるのに使う材料は、昆布やかつお節、鯖節、炒りこ、干し椎茸などがあります。お蕎麦屋さんなどは、鯖節や炒りこ、干し椎茸を使い、コクを出しますね。それぞれ風味に特徴がありますので、作り手の好みや使う料理によって材料は違ってきます。

私は、昆布とかつお節でとったおだしを使います。

昆布は天然干しで、厚みがあるものを選んでいます。表面の白い粉は、昆布の旨味成分ですので、たくさんふいているものほど美味《おい》しい、といえます。決して、使う前に水で洗ったりしないでください。かつお節は、血合いのないものを使います。そのほうが臭みのないおだしがとれるのです。

一概に昆布、かつお節といっても、いろいろな種類、値段のものがあります。いいおだしをとるには、良質な昆布とかつお節が必要です。澄まし汁のようにおだしが生きた料理は、それによって美味しくなるか否かが、ほぼ決まってしまうのです。

節約せずに、分量通りに入れてください。こんなにたくさん？　とびっくりされるかもしれませんが、思い切って使いましょう。使い終わった昆布やかつお節は、佃煮などにしていただければ無駄がなくなります。

この本の中では、「一番だし」と「八方だし」を使い分けています。

「一番だし」は、昆布とかつお節を短時間でさっと煮出してとるおだしで、香り高いのが特徴です。おだしの良《よ》し悪《あ》しが引き立つ料理、例えば、お吸い物や炊き込みご飯などに使います。

「八方だし」は、一番だしを倍ぐらい濃くとったおだしです。コクを出したい料理、淡白な素材を使う料理に使います。例えば野菜を煮るときなどです。「八方に使えるだし」という意味で、私は八方だしと呼んでいます。

ではここで、「一番だし」と「八方だし」のとり方を紹介します。

「一番だし」

水・5カップ　昆布・10g　かつお節・10g

作り方

① 鍋に水と昆布を入れ、中火にかける。グラグラ沸騰させないようにする。
② 昆布が伸びたらかつお節を入れ、すぐ火を止める。
③ かつお節が沈んだら、キッチンペーパーなどで漉す。

「八方だし」

水・5カップ　昆布・10g　かつお節・20g

作り方は、途中まで「一番だし」と同じです。
かつお節を入れた後すぐに火を止めずに5分間弱火で煮てください。

日本料理のだしは、フランス料理に使うブイヨン、中華料理のスープのように、何時間もかけて煮込んでとることに比べれば、短時間でとることができるものです。一度にたくさんとって作り置きをしたり、冷凍したりせずに、その都度とるようにしましょう。せっかくの香りがなくなり、風味が落ちてしまいます。
また、腐りやすいということも覚えておいてください。

[redacted]

ここまで、おだしがいかに大切かをお話ししましたが、もうひとつお話ししておきたいことがあります。日本料理だからといって、何にでもおだしを使う、という考えは捨ててほしいのです。私は、お肉やお魚を主役にした料理には使いません。例えば、「牛肉ごぼう」や「筑前煮」、「ぶり大根」などです。こういうものは、牛肉や鶏肉、ぶりから美味しい旨味がたっぷり出ますので、おだしは必要ありません。また、「かぼちゃの甘煮」や「さつまいもの甘煮」など、素材の味が濃いお野菜を煮るときもそうです。本来、味に深みを出す昆布やかつお節の旨味が、逆に生臭く、じゃまになってしまうからです。


「味を迎えに行く」と私はよくお話ししています。

それは、素材の一番美味しい時期を知って、料理を作るということです。春夏秋冬、それぞれに旬を迎えて美味しくなる素材には、必要以上の調味料はいらないのです。今は、栽培方法や保存技術が進歩し、旬の時期にならないと買えない野菜というものが少なくなりました。確かに、一年中、食べられるという利点もありますが、やはり、人工的に栽培したものは旨味も少ないですし、また季節も感じられず、寂しい気がします。


昔のおかずには、その季節に美味しくなるもの同士が使われています。

例えば「ぶり大根」。大根が美味しくなる冬の頃、脂ののったぶりを一緒に焚いています。「わかめとあさりの酢味噌和え」も、春に美味しい新芽のわかめに、身の太ったあさりを合わせ、そして、冬の冷えた体を温める味噌仕立ての料理「土手鍋」にも、冬に旬を迎えたかきを入れました。

これこそが、料理を美味しくする一番のコツだということを教えてくれているのが「日本に伝わるおかず」なのです。先人の知恵は、本当に素晴らしいものだとつくづく思います。是非、日本の旬の恵みを生かした、より美味しい料理を食卓に並べ、この食文化を将来の日本に生きる人たちに伝えてください。

そして最後に、この本を手にしてくださった皆様に口福《こうふく》をお届けすることができましたら、私にとってなによりの幸せです。

京味
西　健一郎

しょうゆ

濃口しょうゆは最も多く使われている調味料で、色や風味をしっかりつける煮物や焼き物に使います。

薄口しょうゆは関西では昔から出回っていますが、私が京都から東京に出てきたばかりの頃は手に入らず、水や塩で調整して、薄口に似たものを自分で作っていました。

薄口しょうゆは和え物やお吸い物など、しょうゆの色をあまりつけずに素材そのものの色を生かしたいときや、素材の香りを立たせたいときなどに使います。

濃口しょうゆは色がつくので使った分量がわかりやすいですが、薄口しょうゆは色があまりつかないので注意が必要です。塩分が際立つので、色めよりも実際の塩加減で味をみましょう。

砂糖とみりん

甘みはほとんど白砂糖を使っています。みりんはあまり使いません。

ではどういうときにみりんを使うかといえば、主につやを出したい場合です。つやのある飴色に仕上げたい、魚の煮物などです。昔から、「野菜に砂糖、魚にみりん」という言葉があるとおりです。後に出てくる魚の漬けだれ、「柚庵地」にもみりんを使っています。魚は生臭みがありますので、お酒を原料にしたみりんは、その臭みを消してくれる役目もあると思います。

酒

お米が貴重だった私の子どもの頃は、家庭料理にお酒を使うことはできませんでした。お酒から作る、みりんもそうでした。ですから、お酒をたくさん使わずとも、美味しいおかずはできるものだと思います。

お酒を万能に使おうと思わずに、必要な場合にのみ使うようにしましょう。

赤味噌と白味噌

赤味噌は、コクや香りが立つお味噌ですので、土手鍋に使う「土手味噌」を作るときに使います。反対に、白味噌は米麹をたっぷりと使って作るため甘い味わいで、塩分は赤味噌の半分ぐらいです。白味噌を使う料理として西京漬けが有名ですが和え物にもよく使います。

酢

ほとんどの場合、穀物酢を使っています。酢の物だけでなく、魚や貝を酢で洗って締めたり、骨を柔らかくするために小魚の佃煮に少量使ったりします。また保存料にもなります。甘露煮のように糖分が高いものや、塩分の効いているものは別ですが、それ以外の佃煮を作るときには味がわからないぐらいのお酢を入れます。

塩

塩分というのは味付けの中で基本の基本、とても重要な部分です。適度な塩味がないと、味がぼやけて、食べても満足感のない料理になってしまいます。

味を決める以外にも野菜の下茹でに入れたり、肉や魚の下味(ふり塩)に使うことで、野菜は色よく仕上がり、肉や魚は余分な水分が抜けて旨味が凝縮されます。まさに縁の下の力持ちですね。

近頃は調味料もたくさんの種類があります。健康志向から、おしょうゆや味噌も減塩のものが多く出回っています。またお砂糖も、お好みで三温糖やきび砂糖をお使いの方もいらっしゃるでしょう。

本書のレシピにある分量は、あくまでも私が使っている調味料で量っています。皆様がお使いの調味料が減塩なのか、糖分控えめなのか、ということを考慮なさって調節してみてください。

和え物

和え物とは、季節の素材本来の風味や歯触りを大切にするものです。時間がそうかからずにできるものが多いのですが、和えてから長くおいてしまうと調味料が染みていくのと同時に素材から水分が出てきてしまいます。せっかくの味付けも薄まり、素材自身も縮んでしまうことになりますので、必ず食べる直前に和えるようにしてください。

何事もタイミングが大切。食べるまでにどれぐらいの時間が空くのか、そういったことを考えておかずを作るのも重要なことなんです。

それと私がいつも言うのは、あまり冷たくしすぎないでほしいということ。常温に近いくらいが美味しいんです。歯が浮くような冷たいものでは旨味が味わえません。

材料がこれでなくてはいけないというわけではありません。いろいろ工夫してみてください。

せりと切干大根の胡麻和え

切干大根は、冬に収穫した大根を、寒空の中で天日乾燥させて作ります。私の田舎では多くの家が、軒先につり下げていました。保存食として重宝したのでしょう。お浸しだけでなく、お揚げと一緒に焚くなどしてよく食べたものです。

今は一年中、買うことができる食材ですが、大根は冬が旬ですから春先に買い求める切干大根が甘くて柔らかく美味しいです。それを覚えておいてください。

母親がこの切干大根によくせりを和えたのは、家の脇の小さな小さな川の、きれいな水が流れるところにせりが生えていたからです。子ども時分、よくそれを摘みに行きました。冬の川の水が冷たくて、手がかじかんでいたのが忘れられません。

せりは私の母親の好物でしたのでよく食卓に上っていました。正直子どもの頃にこれを好んで食べていた訳ではありませんでしたが、今になってみると、香りがあって美味しいなあとつくづく思います。

野菜のさっぱりした味に、コクを加えるものとして、胡麻や豆腐をよく使います。京都では昔から、蛋白源として、胡麻や豆腐を食していましたから、私の家でも胡麻和えや白和えが多かったです。でも、飽きることはありませんでした。

切干大根のような乾物は、旨味も凝縮されている上、栄養価も高いですから、頻繁に食べると体にもいいですね。

〔材料〕
せり　1束（約100g）
切干大根　30g
白すり胡麻　20g
八方だし　50cc
薄口しょうゆ　大さじ1
砂糖　小さじ½

〔作り方〕
① 切干大根は水につけ戻しよく洗い、キッチンペーパーなどでしっかりと絞る。せりは熱湯にさっとくぐらせ流水にとり、水気を絞る。
② ボウルに白すり胡麻、八方だし、薄口しょうゆ、砂糖を入れ合わせる。せりは、根元を落として3㎝くらいの長さに切り、もう一度、水気をしっかりと絞り、切干大根とともにボウルに入れて和える。

きゅうりの胡麻和え

このきゅうりの和え物やほうれん草の胡麻和えは、濃いめの味付けをしたほうが美味しいと思います。酢の酸味もしっかりきかせ、しょうゆは濃口を使う。砂糖も隠し味ではなくきちんと甘さを出す。そして、きゅうりはしっかり塩揉みして水気をぎゅっと絞る。そうすると、ご飯に合うおかずになります。

〔材料〕

きゅうり　5本

塩　小さじ1

白すり胡麻　30g

一番だし　小さじ1

酢　40cc

砂糖　15g

濃口しょうゆ　小さじ2

〔作り方〕

① きゅうりは薄い輪切りにして塩をまぶし、水分を出しきるようにしっかり揉み、さらしかキッチンペーパーなどで絞る。

② ボウルに白すり胡麻、一番だし、砂糖、濃口しょうゆ、酢を入れる。①のきゅうりを加えて和える。

まぐろのからし酢味噌和え

こんな風に和えるなら、まぐろは身の大きさがそろわなくてもいいですから、切り落としやすじのところでも構いません。酢味噌仕立てですが、からしを隠し味に使うと、後味よく仕上がります。

〔材料〕
まぐろ（トロ）　150g
わけぎ　1束
酢味噌（作り方はp21参照）　100g
溶きがらし　適量

〔作り方〕
① まぐろは塩（材料外）をふって表面だけコンロであぶり、粗熱が取れたら食べやすい大きさに切る。
② わけぎは熱湯で丸ごとさっと茹でて、3㎝の長さに切って水気を絞る。
③ すり鉢に酢味噌と溶きがらしを入れて混ぜ、まぐろ、わけぎを入れてよく和える。

16

白瓜と椎茸の白酢和え

豆腐と胡麻の白和えに、少し酢を加えた白酢和え。酢の物のように酸味をきかせるのではなく、豆腐のコクと椎茸の甘みをさっぱりいただく程度の酸味にしています。

〔材料〕
白瓜　1本（約300g）／椎茸甘煮　5枚
木綿豆腐　½丁／砂糖　大さじ1／酢　大さじ2
薄口しょうゆ　小さじ1／白練り胡麻　小さじ1

〔作り方〕
① 白瓜は4等分にしてスプーンで種とわたを取り除き、海水ぐらいの塩水（材料外）に30分ほどつける。水気をおさえ、3時間ほど日陰で風干しする。豆腐は重石をのせてしっかり水切りする。
② すり鉢に豆腐を入れてなめらかになるまでよくすり、そこへ砂糖、酢、薄口しょうゆ、白練り胡麻を加える。
③ ①の白瓜は皮をつけたまま1㎝角に、椎茸の甘煮も汁気を軽く絞って同じくらいの大きさに切りそろえ、②の白酢衣で和える。

◎椎茸の甘煮
〔材料〕
干し椎茸　10枚／八方だし　2・5カップ
砂糖　80g／濃口しょうゆ　40cc
〔作り方〕
① 椎茸は水に一晩つけて戻し、軽く水気を絞って軸のところは切り落とす。
② 鍋に八方だしと椎茸を入れて火にかける。沸いたら砂糖、濃口しょうゆを加え、1時間ほど弱火で煮含める。火からおろし、室温で冷まして味を染み込ませる。

平しめじと根三つ葉の胡麻和え

昔から「香り松茸、味しめじ」と言われるだけあり、天然のしめじには素晴らしい旨味があります。でも残念なことに、天然のしめじを今では見かけることが少なくなりました。

一般的に手に入るしめじでも、もちろん結構ですが、しめじでなくても天然のきのこを使うと、その旨味を十分に味わうことができるでしょう。

〔材料〕

平しめじ（または普通のしめじ）　100g
根三つ葉　1束
白すり胡麻　20g
薄口しょうゆ　大さじ1
※平しめじを焚くだし
　八方だし　150cc
　薄口しょうゆ　大さじ1

〔作り方〕

①根三つ葉は根を落とし、切り口をそろえて輪ゴムでしばり、熱湯で1～2分茹でて、すぐに冷水にとる。水気をぎゅっと絞り、食べやすい5㎝くらいの長さに切る。しめじは石づきをそぎ落とし、大きいものは一口大に切り、だし（※）とともに鍋に入れて5分ぐらい弱火にかけ、火を止めたら自然に冷ます。

②ボウルに白すり胡麻を入れて、①の平しめじを焚いただし（大さじ3）でのばして、しめじと三つ葉を和え、仕上げに薄口しょうゆで味を調える。

いんげんの黒胡麻和え

歯ごたえのあるいんげんや、アクの強いほうれん草には、白胡麻より黒胡麻のほうが合うのではないでしょうか。胡麻の衣は砂糖としょうゆで甘めに作りますが、堅すぎて上手くからまないときは、八方だしでのばしてください。ほんの少量入れるだけで具にからみ、旨味も加わって、上手に仕上がります。

〔材料〕
いんげん　1束(20～25本くらい)
黒すり胡麻　10g
砂糖　小さじ1
八方だし　大さじ2
濃口しょうゆ　大さじ1
重曹　少々

〔作り方〕
① いんげんは食べやすい4㎝くらいの長さに切り、重曹を入れた湯で色よく茹で、ざるに上げる。
② ボウルに黒すり胡麻、砂糖、八方だし、濃口しょうゆを入れ、①のいんげんを和える。

蓮根の酢ばす

ご存知のとおり、蓮根はアクが強い野菜ですので、切り口は空気に触れるとすぐに黒くなります。皮をむいて薄く切ったら、すぐ水につけます。水につける時間は5〜10分くらいでいいでしょう。
炒めるときは、しゃきしゃきとした歯ざわりが無くならないうちに、手早く仕上げましょう。

〔材料〕
蓮根　150g
サラダ油　小さじ2
一番だし　70cc
酢　60cc
砂糖　小さじ4
赤唐辛子　½本

〔作り方〕
① 蓮根は皮をむいて、縦半分に切り、3㎜の厚さに切って水にさらす。赤唐辛子は種を除いて小口切りにする。
② フライパンにサラダ油と赤唐辛子と、キッチンペーパーで水気をふいた蓮根を入れて中火で炒める。
③ 油が全体に回ったら一番だしを注ぎ、沸いたら酢と砂糖を加えて弱火で5分ほど煮て味を含ませる。

松茸のお浸し

椎茸もそうですが、松茸も素焼きするときに、ほんの少し塩をふると旨味が出てきます。
食材は冷めるときに味がよく染みるので、松茸が焼けたら素早く和えられるように、あらかじめ柚子しょうゆを作っておきましょう。

〔材料〕
松茸　中1本
ほうれん草　1束
一番だし　大さじ2
濃口しょうゆ　大さじ1
柚子　1個

〔作り方〕
① ほうれん草は熱湯でさっと茹で、冷水にとって水気を軽く絞る。3～4㎝の食べやすい長さに切って、再度、水気をぎゅっと絞る。柚子を絞り、濃口しょうゆ、だしを加えておく。
② 松茸は石づきを薄く切り落とし、さっと洗って水気をおさえる。塩（材料外）をふって網で素焼きし、手でさく。
③ ボウルにほぐしたほうれん草、松茸を入れ、合わせておいた柚子しょうゆを入れ、さっと混ぜる。

赤貝とわけぎの酢味噌和え

貝には食べやすいように隠し包丁を入れ、わけぎも食べやすい長さに切って、どちらも歯ごたえを楽しみます。赤貝は和える前に酢水でさっと洗うと味が締まり、水っぽくなるのをおさえてくれます。ちょっとしたことですが、こういうひと手間は必要なものです。

〔材料〕
赤貝　5個
わけぎ　1束
酢　適量
酢味噌　100g

〔作り方〕
① 赤貝は身の部分に隠し包丁を3〜4箇所入れて、半分の大きさに切る。わけぎは熱湯にくぐらせ、3㎝の長さに切る。
② ボウルに同割りの酢と水を入れ、①の赤貝をさっと洗う。
③ ボウルに酢味噌を入れ、わけぎ、赤貝と手でよく和える。

◎酢味噌
〔材料〕
白味噌　120g／砂糖　10g／酢　50cc
オレンジの絞り汁　小さじ2／薄口しょうゆ　小さじ1/2
〔作り方〕
すり鉢に白味噌、砂糖を入れて混ぜ、酢を少しずつ加えながらのばす。最後にオレンジの絞り汁、薄口しょうゆを加えてよく混ぜる。

うざく

うなぎは蒲焼《かばや》きのままでも美味しいですが、このように酢の物にすると、さっぱりとした味わいで暑い夏にもぴったりです。かつおをきかせた土佐酢に、こってりした蒲焼きのたれの甘み、塩揉みしたきゅうりの塩気がほどよく合い、お手軽で気のきいた家庭のおかずになると思います。きゅうりはしっかりと塩揉みをして、パリパリに。うなぎは柔らかいので、やさしく和えてください。

〔材料〕
きゅうり　4本
うなぎ（蒲焼き）　1串
塩　小さじ1
土佐酢
酢　大さじ2／水　大さじ2
薄口しょうゆ　小さじ1／かつお節　3g
これらをすべて合わせ室温で30分おいて、キッチンペーパーかさらしで漉して絞る

〔作り方〕
① きゅうりは縦半分に切って、スプーンで中央の種の部分を除き、端から薄切りにする。塩で揉んで15分ほどおき、キッチンペーパーかさらしで包んでぎゅっと水気を絞る。
② うなぎは冷たいようなら温め、食べやすい大きさに切ってボウルに入れる。①のきゅうりと土佐酢で和える。

あじのたらこ和え

たらこの塩味であじを食べるなんて、なかなか面白いでしょう。あじは塩をして、酢水で身を締めておきます。たらこの塩気が強かったり、お酒のつまみにするのなら、ほぐして少量のお酒でさっと洗ってもいいですね。緑のねぎを加えれば、彩りも美しく仕上がります。

〔材料〕
刺身用あじ　100g
たらこ　50g
九条ねぎ　4〜5本
酢　適量

〔作り方〕
① あじは軽く塩(材料外)をふり、10〜15分おく。同量の水で割った酢でさっと洗って身を締める。
② たらこは皮を取り除きほぐす。九条ねぎは根と先端を落として茹で、冷水にとって絞り、3㎝の長さに切る。
③ あじと九条ねぎをたらこで和える。

まぐろのサラダ

調味料に油を使っていませんので、まぐろは脂の入ったトロがお勧めです。もちろんお好みで赤身でも美味しくいただけると思います。いずれにしてもまぐろはさっとあぶる程度にしましょう。

〔材料〕
まぐろ（トロ）　120g
レタス、サラダ菜　各1個
グリーンアスパラガス　1束
粒マスタード　小さじ1
柚子ポン酢　50cc
黒胡椒　適量

〔作り方〕
① まぐろは食べやすい大きさに切る。表面に塩（材料外）をふって、網で表面をさっとあぶる。アスパラガスは4cmくらいの長さに切り、熱湯でさっと、歯ごたえを残す程度に茹でる。
② レタス、サラダ菜は洗って水気を切り、適当な大きさにちぎる。
③ ボウルにマスタード、ポン酢、胡椒を入れてよく混ぜ、葉野菜、アスパラガス、まぐろを入れて全体をよく和える。

わかめとあさりの酢味噌和え

生わかめとふっくらしたあさりの身を酢味噌で和えた、春らしい一品です。酢味噌を使った和え物はコクがありながらも後味はさっぱりといただけるので、副菜にはぴったりではないでしょうか。

わかめは和える直前に、少量のだしでさっと焚くと、水っぽくなりません。

〔材料〕
刺身用生わかめ　200g
あさり（むき身）　100g
酢味噌（作り方はｐ21参照）　100g
一番だし　1カップ

〔作り方〕
① わかめは水でよく洗い、熱湯で3分ほど茹で、流水にさらす。同じ熱湯にあさりを10秒ほどくぐらせて、すぐにざるに上げる。
② わかめの水気をよく絞り、食べやすい大きさに切る。一番だしを鍋に入れて火にかけ、温まったらわかめを入れ、さっと煮てざるに上げて冷ます。
③ 酢味噌でわかめ、あさりを和える。

椎茸ねぎ

一般に出回っている椎茸は人工栽培なので一年中ありますが、本来、野生の椎茸の旬というのは春と秋の年2回です。笠が肉厚で香りがあり、重量感のあるものを選びます。笠の裏側が茶色く変色しているものは鮮度が悪い証拠だということを覚えておいてください。ほかのきのこもみんな同じです。成分のほとんどが水分と繊維質ですので、焼きすぎると水分がとんでしぼんでしまいます。短時間で火を通すように心掛けましょう。

私は九条ねぎを使いますが、もちろん長ねぎでも構いません。

〔材料〕

生椎茸　10個

九条ねぎ（または長ねぎ）　½本

一番だし、薄口しょうゆ　各大さじ2

柚子の絞り汁　½個分

〔作り方〕

① 椎茸は軸を除き、塩（材料外）をふって網焼きする。長ねぎはみじん切りにする。

② ボウルに一番だしと薄口しょうゆ、柚子の絞り汁を入れてよく混ぜ、椎茸、ねぎを入れて和える。

セロリと鶏ささみの胡麻和え

すだちを絞っただしで、すり胡麻をのばしました。さっぱりといただける、夏にぴったりのおかずです。

ここで使うセロリは針に刻んで冷水にさらし、しゃきっとさせます。これを食べる直前に和える、もしくは和え汁だけは食卓でかけてもらってもいいくらいです。

和え汁をかけると、見る見るセロリがしんなりしてしまいますので、歯ごたえを楽しめるよう時間を見計らって合わせましょう。

〔材料〕
セロリ　150g
鶏ささみ　100g
白すり胡麻　30g
八方だし　100cc
薄口しょうゆ　小さじ4
すだちの絞り汁　½個分

〔作り方〕
① セロリは表面のすじを取って、マッチ棒くらいの長さのごく細い千切りにし、冷水に20分ほどさらす。
② ささみは塩(材料外)をふって網でこんがりと焼き、手で細かく裂く。
③ ボウルに白すり胡麻、八方だし、薄口しょうゆ、すだちの絞り汁を合わせ、食べる直前にささみと水気をよく絞ったセロリを入れて和える。

キャベツとお揚げの胡麻味噌和え

キャベツはあまりくたくたに蒸さずに、歯ごたえが少し残っているぐらいが美味しいと思います。
塩分の多いお味噌をお使いの場合は、お味噌の量を少し減らしてみてください。

〔材料〕
キャベツ　300g
油揚げ　1枚
白すり胡麻　20g
八方だし　大さじ2
濃口しょうゆ　25cc
味噌　小さじ2
砂糖　小さじ1

〔作り方〕
①キャベツは堅い芯の部分のみ取り除き、大きめに切る。湯気の上がった蒸し器で数分蒸して少量の塩（材料外）をふる。油揚げは熱湯をかけて油抜きし、縦半分に切って、端から1cm幅に切る。
②ボウルに白すり胡麻、八方だし、濃口しょうゆ、味噌、砂糖を入れ、よく混ぜたらキャベツ、油揚げを入れて和える。

大根と帆立のマヨネーズサラダ

なにかもう一品、というときは、マヨネーズで和えたこんなサラダはどうでしょうか。味付けは帆立の旨味とマヨネーズだけ。帆立缶は旨味がたっぷりですから、サラダ以外にもなにかと重宝する缶詰です。

〔材料〕
大根　中1/3本（400g）
帆立貝缶詰　60g
マヨネーズ　25g
塩　小さじ1・5
かいわれ大根　適量

〔作り方〕
① 大根は皮をむいて2㎜の厚さの拍子木切りにし、塩をまぶして5分おいてから手でしっかり揉み、十分に水気が出たら、キッチンペーパーなどで水気をよく絞る。
② ボウルに汁気を切ってほぐした帆立とマヨネーズを入れ、①の大根と和える。
③ 器に盛りつけ、適当な長さに切ったかいわれ大根を添える。

煮物

私の育った京都では「煮る」を「焚く」と言い、たっぷりのおだしで材料を浸すように煮て、味を馴染ませたら火を止め、余熱で味を含ませます。

調味料は最初から全部入れるのではなく、甘い味（お砂糖）を先に入れ、一呼吸おいてから辛い味（おしょうゆ）を入れます。そうすると味に奥行きが出るのです。辛いおしょうゆの味が先に染み込んでしまったら味は戻りません。昔から「さ（砂糖）・し（塩）・す（酢）・せ（せうゆ＝しょうゆ）・そ（味噌）」の順に加えましょうと言います。砂糖（甘味）は染みにくいので早く入れたほうがよい、塩分は食材から水分を出し引き締めてしまうので砂糖の後に、酢は酸味がとぶので途中で加える。しょうゆ、味噌は風味を生かすよう仕上げに入れる、という意味合いの煮物の知恵。これはとても理に適っていると言えます。

たくあんの田舎煮

もともとは時間がたって、酸っぱくなった古いぬか漬けのたくあんを、よみがえらせようとできたおかずです。物を粗末にしない昔の人の知恵には本当に感心させられます。うちでは炒りことかつお節を使います。もし大きな炒りこをお使いなら、頭、はらわた、中骨を取ったほうが口に当たらず食べやすいでしょう。

煮上がりの目安は、歯ごたえがほどよく残るくらい。柔らかくなりすぎたら、漬け物の持ち味が無くなってしまいますので注意しましょう。

〔材料〕
たくあん（古漬け）　180g
炒りこ　10g
濃口しょうゆ　50cc
砂糖　小さじ1
かつお節　5g
赤唐辛子　2本

〔作り方〕
① たくあんは2～3㎜の厚さの輪切りにして鍋に入れ、かぶるくらいの水を加えて火にかけ、一度沸いたら湯切りする。
② 鍋に水2・5カップと①のたくあん、炒りこを入れ、10分ほど煮る。
③ 濃口しょうゆ、砂糖、かつお節、種を除いて小口切りにした赤唐辛子を加え、味が染みるまで煮る。

こんにゃくのピリ辛煮

こんにゃく自体には味がありませんし、味付けしやすいものでもありません。ですから茹でて臭みを取ったら、いかに味を入れるかが調理の要《かなめ》になります。鍋の中でしっかりと乾煎《からい》りする。これで水気をとばしたら、風味付けに少量のお酒とピリ辛のしょうゆを染み込ませます。煮きるつもりでしっかり炒るといい味になります。

〔材料〕
こんにゃく　1枚
酒　大さじ1
濃口しょうゆ　50cc
赤唐辛子　½本

〔作り方〕
① こんにゃくはスプーンで食べやすい大きさにちぎり、熱湯で下茹でする。赤唐辛子は種を取り除いて小口切りにする。
② 鍋に水気を切った①のこんにゃくを入れて強火で乾煎りし、表面に焦げ目がついたら、あらかじめ合わせておいた酒、濃口しょうゆ、赤唐辛子を加えて中火で炒り煮にする。煮汁が完全に無くなったら火を止める。

牛肉ごぼう

昔のお母さんたちは、たくさんの野菜をちょっとの肉や魚で美味しく調理する腕と知恵を持っていました。こういう煮物は先に牛肉を甘辛く煮て、その汁で野菜を煮ます。火加減は強火で、短時間で仕上げましょう。

〔材料〕
牛薄切り肉　200g
ごぼう　2本
砂糖　50g
濃口しょうゆ　75cc
サラダ油　大さじ1

〔作り方〕
① ごぼうはたわしで土をきれいに洗い落とし、なるべく長めの粗いささがきにして、数分水にさらしてざるに上げる。
② 鍋に水1・5カップを入れて強火にかけ、沸いたら牛肉を入れてアクを取り、肉に火が通ったら砂糖、濃口しょうゆを加える。数分煮て、味がなじんだところで煮汁ごとボウルに移す。
③ 鍋を洗わずにサラダ油を入れ、①のごぼうを炒める。3〜4分でごぼうがしんなりしてきたら、②の煮汁を戻して味を含ませながら強火で煮る。牛肉を戻し、全体をざっと混ぜてなじませ、火を止める。

筑前煮

煮物というと「おだしで焚く」と思われがちですが、こういうお肉と野菜を一緒に焚くものにおだしは必要ありません。鶏肉には旨味がたっぷりとありますので、その煮汁をお野菜に染み込ませれば美味しく煮上がります。

〔材料〕

こんにゃく　1枚(200g)／蓮根　中1節(120g)
人参　小1本(150g)／ごぼう　1〜2本(120g)
里いも　2個(130g)／鶏もも肉　1枚(280g)
どんこ椎茸　大3枚
酒　1カップ／砂糖　50g／濃口しょうゆ　135cc
サラダ油　大さじ1／柚子の皮　適量

〔作り方〕

①こんにゃくはスプーンで一口大にちぎり、熱湯で数分下茹でし、ざるにとる。蓮根、人参は皮をむいて、ごぼうは土を洗い落として乱切り、里いもは皮をむいて一口大に、鶏もも肉も皮ごと一口大に切る。椎茸はぬるま湯につけて戻してから軸を落として4等分に切る。

②鍋に酒と同量の水を入れて火にかける。鶏肉を入れ、アクをすくいながら中火で火を通したら、砂糖、濃口しょうゆを加え、5分ほど煮て火を止める。

③別鍋にサラダ油を入れて熱し、野菜とこんにゃくを強火で炒める。全体に油が回ったら、②の煮汁のみを加える。

④アクをすくいながら弱火で煮て、野菜に火が通ったら、②の鶏肉を加え、全体をなじませる程度に2〜3分煮て火を止める。

⑤器に盛りつけ、柚子の皮を飾る。

伏見唐辛子とじゃこの焚き合わせ

「唐辛子」と「おじゃこ」の焚き合わせは、京都の代表的な「おばんざい」です。朝、炊きたてのご飯とおみおつけ、それに漬け物と、これがあればもう十分。いえ、むしろどんな贅沢な朝食が続いても、何日かに一度は必ず食べたくなってしまうくらい愛着があります。

その昔、私の母もよくこれを焚いてくれました。庭先に植えられた伏見唐辛子を取り、火鉢でぱちぱちと焼いて生姜じょうゆにつけて食べたり、こんな風に焚いたり、夏にはよく食卓に上がりました。

おじゃこも、きゅうり揉みと酢で和えたり、大根おろしをかけてすだちを絞ったりと、本当によく食べたものです。

海から遠い京都では、新鮮な海産物が手に入らなかったため、昔は干物が中心でした。その中でもお値段が手頃だったおじゃこが、お惣菜にはぴったりだったんです。

お惣菜とはそこらにあるごく普通のものをいかにうまく使うかの知恵。そういう意味でもこの焚き合わせは、京都のお惣菜の代表選手みたいなものだと思います。

〔材料〕
伏見唐辛子　300g
ちりめんじゃこ　20g
八方だし　3カップ
砂糖　大さじ1
薄口しょうゆ　大さじ3

〔作り方〕
① 伏見唐辛子はへたを落として縦半分に切り、スプーンで種を取り除く。
② 鍋に八方だしと伏見唐辛子を入れ中火にかけ、沸いたらじゃこを入れて、砂糖、薄口しょうゆを加える。
③ 汁気が少なくなるまで、弱火で45分ほどじっくり焚く。

ごぼう、うど、蓮根のきんぴら

油で炒める調理法というのは火の通りが早いので、ごぼうのささがきは大胆に粗く、大きく、でいいのです。蓮根もうども、薄く切りすぎないこと。野菜の歯ごたえを失わないように炒めるのがコツですので、火の通りが遅い、蓮根、ごぼう、うどの順番に炒めてください。

〔材料〕
ごぼう、うど、蓮根　各80g
濃口しょうゆ　35cc
砂糖　大さじ1
酒　大さじ1
サラダ油　大さじ1
赤唐辛子　1本
白炒り胡麻　適量

〔作り方〕
① ごぼうは土をきれいに洗い落としてささがきにする。うど、蓮根は皮をむいて、うどは4cmの長さに切って2〜3mmの薄切りに、蓮根は縦2つ(大きければ4つ)に切って2〜3mmの薄切りにして、それぞれを水にさらし、ざるに上げる。
② 鍋にサラダ油を入れて火にかけ、蓮根を炒める。油が回ったらごぼう、うどの順に加え、種を取って小口切りにした赤唐辛子を入れて強火で炒める。
③ 全体に火が通ったら酒、砂糖、濃口しょうゆを加えて、煮汁が無くなったら、仕上げに白炒り胡麻をふる。

いわしの生姜煮

骨ごと食べていただきたいので、なるべく小さめのいわしを選んでください。
いわしという字は魚偏に弱いと書きますね。字のごとく、傷みやすい、とても繊細な魚です。身が柔らかいので、丁寧に扱いましょう。そして、内臓を取った後は洗わないでください。血合いが少し残っているほうが、煮物にするにはコクが出て旨味になります。

〔材料〕
いわし（15㎝くらいのもの）8尾
酒　150cc
濃口しょうゆ　50cc
生姜　10g

〔作り方〕
①いわしは頭を落とし、おなかの下の部分を少し切り、包丁で内臓をかき出す。生姜は皮をむいて千切りにする。
②鍋に酒と同量の水、いわし、生姜を入れて火にかけ、沸いたら濃口しょうゆを加え、落とし蓋をして煮汁が少なくなるまで煮る。

卯の花

見た目が卯の花に似ているところから、そう呼ばれています。または「おから」ともいいます。豆腐を作るとき、豆乳を漉して絞った後の、殻ですね。

おから自体には味はありませんので、味はしっかりとつけるようにしましょう。

〔材料〕

おから　150g

ごぼう　½本（40g）

人参　中¼本（40g）

こんにゃく　½枚

油揚げ　1枚

八方だし　2・5カップ

砂糖　40g

薄口しょうゆ　大さじ4

サラダ油　大さじ1

〔作り方〕

① ごぼうは皮についた土を洗い落とし、薄いささがきに、人参は皮をむいて極細の千切りにする。

② こんにゃくはマッチ棒くらいに切り、熱湯で茹でて臭みを取る。油揚げは熱湯をかけて油抜きをし、縦半分にして、端から細切りにする。

③ 鍋にサラダ油を入れ、①のごぼうと人参を炒める。油が回ったら、こんにゃくと油揚げを入れ炒める。そこへ、おからと八方だし、砂糖、薄口しょうゆを加え、混ぜながら、汁気が無くなるまで煮る。

お揚げの甘煮

お揚げを料理するときは必ず湯通しをして油を抜く、と思っていらっしゃる方が多いのではないでしょうか。油を抜くか抜かないかは、料理によって使い分けてほしいと思います。この甘煮は油を抜かずにその旨味を利用しましょう。味付けはお砂糖とおしょうゆだけの簡単なものですが、冷めても美味しくいただけますし、ご飯がすすみます。
私が子どもの頃に食卓によく上がった、思い出深いおかずです。

〔材料〕
油揚げ　4枚
砂糖　35g
濃口しょうゆ　40cc

〔作り方〕
①油揚げは1枚を8等分し、水1・5カップと砂糖と一緒に鍋に入れて落とし蓋をして火にかける。
②沸いたら濃口しょうゆを加え、煮汁がほとんど無くなるまで強火で煮含める。

茄子の柚子味噌炒め

この作り方の一番大切なところは、茄子をしっかり焼いて、お味噌の味がよく馴染むように柔らかい食感にすることです。全面がこんがり飴色になるように、丁寧に焼いてください。茄子は切ってすぐ炒めますので、水にさらしてアク抜きをする必要はありません。水にさらしすぎると、せっかくの栄養分も水に溶け出してしまいます。

〔材料〕
茄子　5本
サラダ油　40cc
田楽味噌　100g
柚子の皮　適量

〔作り方〕
① 茄子はへたを落とし、まず縦半分にしてからそれぞれをさらに縦横に4つ切りにする。
② フライパンにサラダ油を入れ温め、茄子を並べる。途中、ひっくり返しながら、焼き色がつくまでしっかり焼く。
③ 茄子がしんなりしたら、田楽味噌を入れ、軽く炒め合わせる。器に盛って、柚子の皮をすり金でおろしてふりかける。

ひじき煮

ひじき煮は体にとてもいいですし、簡単に作れますから、頻繁に食卓にのせてほしいと思います。美味しくするには太さをそろえることです。細いひじきを使うときには人参も針のようにします。乾燥ひじきは、砂を抱いている場合があるので、戻した湯から上げるときは、上から手でつまみ上げましょう。

〔材料〕
ひじき(乾燥) 30g
人参 小½本(50g)
油揚げ 1枚
八方だし 1・5カップ
砂糖 25g
薄口しょうゆ 大さじ1
濃口しょうゆ 大さじ3
サラダ油 大さじ2

〔作り方〕
① ひじきはたっぷりのぬるま湯につけて戻し、水で洗う。人参は皮をむいて4㎝の長さの細い千切りに、油揚げは人参と同じくらいの千切りにする。
② 鍋にサラダ油を入れて熱し、人参、ひじき、油揚げの順に入れて炒める。油が回ったら八方だしを注ぎ、沸いたところに砂糖、薄口しょうゆ、濃口しょうゆを加えて味を調える。

さつまいもの甘煮

さつまいもを皮つきのまま焚いた素朴な煮物です。これも母親がよく作ってくれた料理のひとつです。おかずとしてより、おやつ代わりに口の中へ放り込んでいたほうが多かったかも分かりません。

調味料に濃口しょうゆと薄口しょうゆを両方使っています。それは、濃口しょうゆの色と薄口しょうゆの塩分の両方が欲しいからです。

さつまいもは寒さに弱いお野菜です。余ったら冷蔵庫に入れずに、新聞紙に包んで冷暗所に置いて保存しましょう。

〔材料〕
さつまいも　大1本（約300g）
砂糖　70g
薄口しょうゆ　小さじ1
濃口しょうゆ　小さじ1

〔作り方〕
① さつまいもは洗って、皮ごと適当な厚さの輪切りにし、水にさらす。鍋にさつまいもと水2・5カップを入れて火にかける。
② 竹串が通るほどになったら砂糖、薄口しょうゆ、濃口しょうゆを入れ、煮汁が半分くらいになるまで弱火で煮含める。

花豆

新豆とひね豆（古く乾燥した豆）では、柔らかくなるまでの時間がずいぶん違います。ひね豆は、水分の吸収が悪いので、皮が堅く風味も落ちますので、なるべく新豆を選んでください。

注意点は、煮ている間、お湯から豆がのぞかないように差し水をすること。それと、豆が踊らないように弱火にすることです。後は柔らかくなったところに砂糖を入れれば美味しく煮上がります。

〔材料〕
花豆　２００g
砂糖　２００g

〔作り方〕
① 花豆はたっぷりの水に一晩つける。翌日、新しい水に換えて火にかける。途中、水が少なくなったら差し水をする。
② 柔らかくなったら砂糖を入れ、煮汁が少なくなるまで弱火で煮る。室温で冷まし、味を含ませる。

新じゃがと牛肉の煮物

淡白な味の野菜に、どう美味しく味をつけるかが、母親の腕の見せどころでした。

牛肉が手に入ると、うちでは新じゃがやごぼうを合わせて焚いていることが多かったですね。お肉の旨味をだしとして使う、おかずの基本というべき料理です。

作り方のコツは、牛肉が堅くならないようにすることです。お肉の部位によっては、火を通しすぎると堅くなってしまいますので、一度火を入れたら、じゃがいもが煮えるまでの間、取り出しておくのもよいかと思います。じゃがいもが煮えたら牛肉を戻して、器に盛りつけましょう。

じゃがいものまわりが少しとろっとした熱々をいただくのもいいですけれど、冷めて味がしっとり馴染んだところもまた何とも言えずいい味です。

新じゃがの旬は春から初夏にかけて。収穫したてのおいもですから、みずみずしく舌触りがとてもなめらかです。皮が薄いのも特徴ですが、煮物の場合は口に残らないよう、皮をむくことをお勧めします。

〔材料〕
新じゃがいも　小〜中8〜10個
牛薄切り肉　200g
砂糖　30g
濃口しょうゆ　50cc
サラダ油　大さじ1

〔作り方〕
① 鍋にサラダ油を入れ、牛肉を炒め、色が変わったら、皮をむいたじゃがいもを入れ、さらに炒める。
② 油が回ったら、水1・5カップを入れ中火で煮る。アクを取ったら、砂糖と濃口しょうゆを入れ、じゃがいもが柔らかくなるまで味を含ませる。

金目鯛の煮付け

煮魚ほど簡単で美味しい料理はないんじゃないでしょうか。おろしでも切り身でも丸ごとでも、同量のお酒と水、それにお砂糖とおしょうゆを入れて煮詰めるだけ。生臭さが気になる場合は湯通ししてから焚いてください。

今回は二枚におろした金目鯛を使いましたが、ただぶつ切りにするだけでも構いません。一晩おくと溶け出したゼラチン質が固まってにこごりができ、それもまた煮魚の楽しみのひとつですね。

〔材料〕
金目鯛　1尾（約700g）
酒　150cc
砂糖　25g
濃口しょうゆ　50cc
みりん　大さじ1
柚子の皮　適量

〔作り方〕
① 金目鯛は二枚におろし（片方は骨付きのまま）、それぞれ身をぶつ切りする。ひれなどが気になるようなら落とす。
② 鍋底に重ならないように切り身を広げて並べ、酒と同量の水を注ぎ、落とし蓋をして強火にかける。沸いたら砂糖、濃口しょうゆを加えて煮詰める。煮汁の泡が細かくなってきたら、みりんを回しかけ火を止める。器に盛り、柚子の皮の細切りを散らす。

なまり節と焼き豆腐の煮物

なまり節とは、生のかつおの身を蒸したり燻《いぶ》したりしたもので、もともとはかつおがたくさん揚がる港で、保存のために作られました。

若い方にはなじみのない食材だと思いますが、栄養価も高く、煮付け以外にも、きゅうりと一緒に酢の物なんかにしても美味しくいただけます。なまり節には味が染みにくいので、落とし蓋をして、弱火でじっくりと煮ましょう。身が壊れやすいので、気をつけてください。

〔材料〕

なまり節　3切れ（350g）
焼き豆腐　1丁（250g）
八方だし　2・5カップ
砂糖、濃口しょうゆ　各大さじ3
絹さや、塩　各適量

〔作り方〕

① なまり節は食べやすい大きさに、焼き豆腐は6等分に切り分け、鍋に重ならないように並べる。
② 八方だしを注いで落とし蓋をして火にかけ、なまり節と焼き豆腐が温まったら砂糖、濃口しょうゆを加え、味が染みるまで弱火で煮る。
③ 絹さやは、塩を少量入れた湯でさっと色よく茹でざるに上げ、②が出来上がる直前に加える。

ふろふき大根

大根のような淡白な味の野菜には、味噌のようなコクのあるものを合わせると、おかずとしていただきやすくなりますね。コツは大根を蒸して水気をとばしてから、美味しいおだしを含ませることです。水分の多いお野菜を焚くときのコツは「蒸してから焚く」、これを覚えておいてください。煮崩れを防ぐこともできます。

〔材料〕
大根　1本
一番だし　2・5カップ
薄口しょうゆ　大さじ1
土手味噌（作り方はp89参照）　300g
柚子の皮　少量

〔作り方〕
① 大根は3㎝の厚さの輪切りにして、皮を厚めにむき、湯気の出ている蒸し器に入れて強火で20分ほど蒸す。
② ①を熱いうちに鍋に入れ、一番だしを注いで火にかける。沸いたら薄口しょうゆを加え、味を含ませるように弱火で1時間煮る。
③ 大根が煮えたら器に並べ、別の鍋で温めた土手味噌をのせる。香り付けに柚子の皮をおろしてふる。

ぶり大根

寒くなるにつれて美味しくなるぶりと大根を焚き合わせた冬の醍醐味ともいえる煮物です。大根を柔らかくするのに、米のとぎ汁や米粒を入れるというやり方もあると聞きますが、私は水だけで十分だと思っています。それに水で焚くだけなら、柔らかくなったところにぶりと調味料を加えるだけ。手間も省けます。

魚のあらは血合いが入るので水洗いが必要ですが、骨からさらに旨味が出て、お値段以上の出来になります。食べやすさも考え今回は切り身も使いました。

〔材料〕

ぶり（あらと切り身）　350g

大根　½本

砂糖　25g

濃口しょうゆ　50cc

〔作り方〕

① 大根は3㎝の厚さの輪切りにして、皮を厚めにむき、鍋に入れる。水5カップを注いで柔らかくなるまで中火で煮る。ぶりのあらと切り身は食べやすい大きさに切り、熱湯でさっと茹でて水にとり、皮のぬめりを丁寧に洗う。

② ①の鍋にぶりを入れる。砂糖、濃口しょうゆを加えて、落とし蓋をして中火で煮詰める。

52

かぼちゃの甘煮

かぼちゃのようにそれ自体に甘みがあり、味の濃い野菜は、だしで焚く必要はないと思います。煮崩れを防ぐには、いいかぼちゃを選ぶことが大切です。皮の緑色が濃く、ずっしりと重たく、種が大きいものを選びましょう。

〔材料〕
かぼちゃ　½個（約600g）
砂糖　45g
濃口しょうゆ　30cc
塩　小さじ½

〔作り方〕
① かぼちゃはスプーンで種とわたを取って、大きめに切り分ける。皮つきのまま角を面取りする。
② 鍋にかぼちゃと水2・5カップを入れて中火にかけ、沸いたら弱火にして八分くらい火が通ったら砂糖を入れる。数分煮て甘みがなじんだら、濃口しょうゆ、塩を加え、ごく弱火で煮含める。

高野豆腐の旨煮

高野豆腐そのものは味の無いものですから、いいおだしでしっかりと味付けしましょう。

高野豆腐を戻すときは十分に。芯が残っていると、堅く締まったように仕上がってしまいますので気をつけましょう。

巻き寿司の具に使う場合は、甘みを少し増やしてください。

〔材料〕
高野豆腐（20gのもの）　3枚
一番だし　2・5カップ
砂糖　50g
薄口しょうゆ　40cc

〔作り方〕
① 高野豆腐はたっぷりの湯につける。芯まで柔らかくなったら流水で絞り洗いし、最後にやさしく水気を絞り、食べやすい大きさに切る。
② 鍋に一番だしと①の高野豆腐を入れて火にかけ、砂糖、薄口しょうゆを入れる。沸いたら弱火にし、20〜30分、味がよく染みるまで煮る。

そら豆の旨煮

空に向かってさやが伸びる「空豆」。美味しいのは、収穫してから3日間と言われるほど鮮度が命のお野菜ですので、選ぶときには十分注意が必要です。さやの緑が鮮やかでふっくらしていて、背筋の部分が変色していないものを選びましょう。

味付けは少し甘めにします。皮から出したそら豆はとても崩れやすいので、火加減はごく弱火にしてください。

〔材料〕
そら豆　35個
八方だし　1カップ
砂糖　15g
薄口しょうゆ　小さじ1

〔作り方〕
① そら豆はさやから出し、黒いところを取って1～2分茹で、身を指で押し出す。
② 鍋に八方だしと①のそら豆を入れ中火にかけ、だしが温まったら、砂糖を入れ、ごくごく弱火で2～3分煮含める。
③ 最後に薄口しょうゆを加えて、火を止め室温で冷ます。

グリーンピースの卵とじ

グリーンピースは是非、生のものを使いましょう。冷凍のものは一年中ありますが、美味しさが違います。旬は春から夏にかけてです。さやから出した、丸々としたグリーンピースは色鮮やかできれいです。

〔材料〕
グリーンピース　200g
八方だし　150cc
砂糖　大さじ1
薄口しょうゆ　大さじ1
卵　1個

〔作り方〕
① グリーンピースはさやから出し、八方だしとともに鍋に入れ、火にかける。
② グリーンピースが柔らかくなったら砂糖と薄口しょうゆを入れて10分くらい煮る。味がなじんだところに、よく溶いた卵を回し入れ、卵が固まったら火を止める。

にしん茄子

昔は身欠きにしんといえば堅く干したものでしたが、最近は柔らかい「ソフトにしん」というものが主流になりました。このにしん茄子は甘めの味付けで、白いご飯によく合います。にしんになじみのない方も、是非作ってみてください。

〔材料〕
ソフトにしん（冷凍約80gのもの） 3枚／茄子 5本
サラダ油 大さじ2
※にしんの調味料
　砂糖 30g／濃口しょうゆ 50cc
※茄子の調味料
　八方だし 2カップ／砂糖 30g／濃口しょうゆ 大さじ3・5
柚子の皮 適量

〔作り方〕
① にしんは室温で解凍し、魚焼きコンロでこんがりと焼き、5〜6cmに切る。水1・5カップ、にしんの調味料とともに入れて、煮汁が半分になるまで弱〜中火で煮含める。
② 茄子はへたとおしりを少々切り落とし横向きにして、上下の二面に斜めに3mm間隔くらいの切り目を入れる。鍋にサラダ油を熱し、茄子を並べ、弱火で両面をじっくりと焼く。
③ ②の鍋に八方だしを入れ、落とし蓋をして中火にかける。茄子が柔らかくなったら、砂糖と濃口しょうゆを加え、煮汁が半分くらいになるまで煮詰める。
④ 茄子が煮上がったら、①のにしんだけを茄子の鍋に移し、5分ほど煮含め自然に冷ます。お好みで柚子の皮を細く千切りにして散らす。

さばの味噌煮

さばは旨味成分を多く含んだ美味しい魚です。ただ鮮度が落ちやすいので、新鮮なものを選んでください。一尾丸ごと買う場合は、まず内臓を取り除き、それから冷蔵庫へ入れることが大切です。

生姜と甘味噌でしっかりと味付けすることで、特有の臭いも和らぎ、ご飯に合うおかずになります。

〔材料〕

さば（二枚におろしたもの、約450g）　1尾
酒　100cc
生姜　1片
砂糖　大さじ3
味噌　80g
濃口しょうゆ　小さじ1

〔作り方〕

① さばは片身を半分に切り、鍋に重ならないように並べる。酒と水1・5カップを注ぎ、2㎜の薄切りにした生姜を入れ、落とし蓋をして強火にかける。

② 沸いたら中火にしてあらかじめ合わせた味噌と砂糖、濃口しょうゆを加える。そのまま煮詰め、煮汁が少なくなってとろみがついてきたら、火を止め、器に盛る。

鶏レバーの生姜煮

レバーは好き嫌いがありますから、ここではいったん霜降りしていますが、気にならなければ水洗いするだけでもいいです。内側の血の部分を抜くように丁寧に水洗いすれば、それで十分臭みは取れますから。味はよく染みますので長く煮すぎないよう、独特の食感が残るうちに火を止めてください。

〔材料〕
鶏レバー　300g
生姜（皮をむいて細切りにしたもの）　15g
酒　1カップ
砂糖　20g
濃口しょうゆ　大さじ3
みりん　小さじ1

〔作り方〕
① 鶏レバーは丁寧に水洗いしてから熱湯にさっとくぐらせ、再び流水で洗い霜降りにする。水気を切って一口大に切る。
② 鍋にレバーと酒を入れて強火にかけアクを取り、生姜と砂糖を加える。
③ 強火のまま濃口しょうゆとみりんを回し入れ、煮汁が全体にいきわたるようにしながら15分ほど煮詰める。

大根といかのわた煮

いかの内臓、わたを旨味に使った手軽な煮物です。大根は火の通りがいいよう薄いいちょう切りにして、そこにいかのわたの旨味をたっぷりと染み込ませます。
するめいかは秋から冬にかけてが旬で、その時期はわたもふっくら大きくなります。大根もするめいかも最も美味しくなるこの時期に作ってみてください。

〔材料〕
大根　中½本
するめいか　1ぱい
濃口しょうゆ　40cc

〔作り方〕
① 大根は皮をむいて、5㎜の厚さのいちょう切りにする。水2・5カップとともに鍋に入れ、中火にかける。
② いかはわたを抜いて縦に開き皮をむき、5×1㎝の縦長に切る。わたは洗って2～3㎝に切る。
③ ①の大根が透き通ってきたら②のわたと濃口しょうゆを加え、10分ほど煮る。
④ 煮汁が半分くらいになったら②のいかを加え、10分ほど煮て、火を止める。

穴子の山椒煮

穴子は煮汁から出ると身が堅くなりますので、必ず落とし蓋をしてください。ちょっとしたことですが、ふっくらとした口当たりも料理を美味しくする大切な要素ですから。
穴子には独特の匂いがありますので、お水と同量のお酒で煮ていきましょう。

〔材料〕
穴子（開いたもの）　200g
酒　150cc
濃口しょうゆ　40cc
砂糖　5g
実山椒　10g

〔作り方〕
① 穴子を5㎝くらいの食べやすい大きさに切る。
② 鍋に酒と同量の水、①の穴子を入れて火にかける。穴子が柔らかくなったら、砂糖を加え、5分弱火で煮る。濃口しょうゆと山椒を加え落とし蓋をして、煮汁が少なくなるまで煮含める。

海老の吉野煮

海老は見た目も食感もよいのですが、淡白なものですから、みりんでほんのり甘みをつけました。そこに生姜の絞り汁を少々加えると、味が締まってバランスがよくなります。

〔材料〕
車海老　10尾
グリーンアスパラガス　4本
八方だし　80cc
みりん　大さじ2
薄口しょうゆ　大さじ1
生姜の絞り汁　小さじ1/4
くず粉　適量

〔作り方〕
① 海老は頭と胴の部分を手で分ける。胴は尾を残して殻をはずし、背開きにして背わたを取り除く。アスパラガスは3cmの長さに切り、熱湯でさっと茹でざるに上げる。
② ①の海老の身と殻のついたままの頭を熱湯にくぐらせ、すぐに冷水にとり、さっと洗う。頭は殻をはずし、目と口、足を包丁で切り落とす。
③ 鍋に八方だし、みりん、薄口しょうゆを入れて強火にかけ、沸いたら②の海老とアスパラガスを入れる。水で溶いたくず粉を回し入れ、最後に生姜の絞り汁を入れて火を止める。

焼き物・揚げ物

旬のものは、それ自体に力があります。魚も身がふっくらとしていて脂がのっています。塩焼きにして、橙やすだちなどの柑橘類をじゅっと絞って、おしょうゆをかけるだけでご飯が進みます。

焦げ色や揚げ色といった「色合い」も、味のひとつです。ただ焼けばいいというのではなく、見た目もきれいに、色よく仕上げましょう。

「魚は大名に焼かせろ」という言葉があります。これは、あまりひんぱんに返さずに、ゆったり構えて焼くのがいいという意味の言葉です。昔の人は上手く言ったものです。

豆あじの南蛮漬け

魚屋さんでいい豆あじを見つけると、母親が作ってくれたおかずです。

これは、豆あじを頭からしっぽまで、丸のままいただくおかずですので、あまり大きくない豆あじがいいと思います。それなら、包丁を使わずに、手で下処理ができます。もし、10センチ以上のものでしたら、ぜいごの部分を包丁で削ぎとってから揚げたほうが、口に当たらず食べやすいでしょう。

揚げたての豆あじを合わせだしに漬け、冷めて味が染みてからいただくおかずですので、衣が厚いと南蛮地を吸い取って衣が膨張してしまいます。片栗粉をつける前に、丁寧にしっかりと水気を取り、そしてつけた粉もまた、ハケなどで十分に落としてから揚げるようにしましょう。

もし時間があるようなら、キッチンペーパーで水気をふき取る代わりに、1時間ほど、陰干しをすると水気もほどよく抜けて、上手に揚がります。

南蛮地に揚げたての豆あじを入れるとき、ジュッと音がするくらい思い切ってじっくり揚げてください。

あじはぜいごがしっかりつき、身が締まっていて、体の銀色が艶やかなものを選びましょう。

〔材料〕
豆あじ（1尾約15gのもの）　20尾
長ねぎ　2本
昆布　5g（8×10㎝くらい）／かつお節　10g
酢　150cc／薄口しょうゆ　大さじ2／砂糖　大さじ1
赤唐辛子　2本
揚げ油、片栗粉　適量

〔作り方〕
①豆あじは内臓を取り、水で洗ってきれいにし、キッチンペーパーなどで水気をきちんとふき取る。赤唐辛子は種を取って、小口切りにする。ねぎは魚焼きコンロか網で焼き目をつけ、3～4㎝の食べやすい長さに切る。
②鍋に水1カップと酢、昆布を入れて火にかけ、沸いたら弱火にしてかつお節を加える。そのまま2～3分待ち、砂糖、薄口しょうゆを入れて火を止める。
③②の南蛮酢の粗熱が取れたら、キッチンペーパーで漉し、①のねぎと赤唐辛子を入れる。
④①の豆あじになるべく薄く片栗粉をつけ、中温の油でじっくり揚げる。揚げたてを③の南蛮酢に漬ける。

ぶりの照り焼き

ぶりは、身が淡い赤色で透明感があり、血合いが濃いものを選びましょう。海水が冷たくなる冬は、そんなぶりが出回るので是非照り焼きにしてみてください。魚焼きコンロだと余分な脂が落ちていい具合に焼けますが、フライパンでもたれがよくからんで美味しくできます。焼き時間を短くして、柔らかい照り焼きに仕上げましょう。

この漬けだれは、濃口しょうゆ2、みりん2、酒1の割合です。

〔材料〕

ぶり（切り身）　5切れ

漬けだれ

　濃口しょうゆ　60cc／みりん　60cc／酒　30cc

〔作り方〕

① 濃口しょうゆ、みりん、酒を合わせ漬けだれを作る。ぶりの切り身を漬けだれに漬け、1時間ほどおく。

② 魚焼きコンロで漬けだれを塗りながら、焼き上げる。

鶏肉の照り焼き

この漬けだれも「ぶりの照り焼き」同様、濃口しょうゆ、みりん、お酒を2対2対1の割合で合わせます。鶏肉に限らず、さまざまな肉や魚にと応用がききますので重宝します。しょうゆやみりんがかかると焦げやすくなりますから、素焼きで8割がた火を通してからたれをつけます。なるべく皮目側をしっかりと焼き、反対の面は手早くすると、皮はぱりっと香ばしく、肉は柔らかく仕上がります。

〔材料〕
鶏もも肉　1枚（300g）
漬けだれ
　濃口しょうゆ　40cc／みりん　40cc／酒　20cc
粉山椒　適量
サラダ菜、カリフラワー　各適量

〔作り方〕
① 鶏肉は魚焼きコンロで両面を8割がた素焼きする。
② 漬けだれに何度か両面を浸しながら照り焼きにする。粗熱が取れたら一口大に切り、粉山椒をふり、サラダ菜、茹でたカリフラワーなど好みの野菜と盛り合わせる。

牛肉のかりかり焼き

肉は「脂っ気十分、汁っ気たっぷり」に仕上げるものだと思っていた頃、京都でこんな風にかりかりに焼いたお肉を見つけました。

表面がこんがり乾いていて生姜の香りよく、汁気がないのでお弁当のおかずにぴったりでした。

コツは、脂の入りの少ない薄い肉を使い、じっくり焦げ目がつくまで素焼きして、いらない脂を落とすことです。そうすると生姜じょうゆにくぐらせたとき、必要以上に塩辛くならず具合よく仕上がるのです。

〔材料〕

牛ロース薄切り肉　200g
グリーンアスパラガス、サラダ菜　各適量
生姜　20g
濃口しょうゆ　大さじ4

〔作り方〕

① 生姜は皮をむいてすりおろし、濃口しょうゆと合わせる。

② 牛肉は網焼きする。焦げ目がつくまでじっくり両面を焼く。①の生姜じょうゆにつけ、もう一度網焼きし、それを2回繰り返して表面がかりっと仕上がるように焼く。

③ アスパラガスは食べやすい長さに切り、歯ごたえを残して茹でる。サラダ菜は適当な大きさにちぎる。②の牛肉と野菜を皿に盛り合わせる。

焼きにしん

今は冷凍の「ソフトにしん」という半生のものが出回り、とても手軽に使えるようになりました。
そのソフトにしんをこんがり焼いて、合わせじょうゆに漬けるだけの簡単なおかず。お酒のおつまみにも合うと思います。小口切りにしたねぎをたくさんかけて、召し上がってください。

〔材料〕
ソフトにしん（約80gのもの）　3枚
濃口しょうゆ　100cc
酒、みりん　各50cc
万能ねぎ　1/3束

〔作り方〕
①ソフトにしんは室温で解凍し、魚焼きコンロか網でこんがりと焼き目をつけ、食べやすい大きさに切る。万能ねぎは小口切りにする。
②濃口しょうゆ、酒、みりんを合わせたたれに小口切りにした万能ねぎを入れて、焼きたての①のにしんを2〜3時間漬ける。味が染みたら器に盛る。

さわらの西京焼き

魚は味噌に漬けることで、保存性が増します。白味噌は甘みがありますから、さわらにほどよく甘みがのって、ご飯にとても合うおかずになりますね。

一般的に、魚は腹に近いほうが脂がのって美味しいとされていますが、さわらは脂の多い魚であることから、尾に近いほうが美味しいとされています。

味噌に漬け込む前にふり塩をするのは、魚の水分を出すためです。ふろふき大根と同じで水分を抜いてからのほうが、次の工程で味が染みやすくなるのです。

一度作った西京味噌は、繰り返し使うことができます。前に漬け込んだものから水分が出て、必ず柔らかくなってきますので、新たに粒味噌を加えて練ればよいのです。

味噌に漬けるとき、ガーゼで味噌と魚の間を仕切ると、焼くときに味噌から簡単に取り出せ、また魚についた味噌をふき取る手間も省けます。お味噌が身につかないので、焼くときも焦げずにきれいな焼き目がつきます。

さわらのほかに、まながつおや銀だらなども、西京漬けにはよく合いますし、私は魚以外でも、牛肉や鶏肉、帆立貝なども漬けたりします。

〔材料〕
さわら（切り身）　4切れ
白粒味噌　500g
みりん　35cc
サラダ菜、ふきのとう　適量
〔作り方〕
① さわらは塩（材料外）をふって涼しい所に1時間おく。水分が出てくるのでキッチンペーパーなどで水気をおさえる。
② 粒味噌にみりんを加えてのばし、①のさわらを漬けて、冷蔵庫で3～4日寝かせる。
③ 焼く前にさわらの表面についた味噌を濡れ布巾やキッチンペーパーなどでふき取り、魚焼きコンロで遠火でじっくりと焼く。サラダ菜、揚げたふきのとうなど好みの野菜と盛り合わせる。

海老の春巻き揚げ

海老を春巻きの皮でくるりと巻いて、こんがり揚げる。ただそれだけなのですが、揚げた春巻きの皮の食感がいいし、目先も変わってちょっと面白いでしょう。
子どもさんにも喜ばれますし、お酒にも合います。大葉を一緒に巻いてもいいですね。

〔材料〕
車海老（冷凍ものでも可） 8尾
春巻きの皮 4枚
塩、胡椒、小麦粉 各適量
揚げ油 適量

〔作り方〕
① 海老は頭、殻、背わたを取り、尾の端を油はねしないように切る。腹に4〜5箇所切り目を入れて熱を加えたときに丸まらないようにまっすぐに伸ばし、塩、胡椒をふって薄く小麦粉をまぶす。
② 春巻きの皮は縦半分に切り、①の海老を手前に置いてくるくる巻き、端に水溶き小麦粉を塗って留める。
③ 中温の揚げ油で表面がこんがりときつね色になるよう揚げる。

伊達巻き

お正月のお節料理には欠かせない一品です。コツは、生地の混ぜ合わせ方と火加減です。生地はダマにならないように、材料に卵を少量ずつ加えてよく混ぜ合わせてください。火加減はごくごく弱火に。焦げすぎないように気をつけてください。それから、最後に巻きすで強く巻きすぎないこと。ふんわり柔らかい食感を大切にしましょう。

〔材料〕
卵（全卵） 3個／卵（黄味） 1.5個
海老のすり身 35g／魚のすり身 50g／はんぺん 50g
砂糖 80g／濃口しょうゆ、薄口しょうゆ 各小さじ1

〔作り方〕
① すり鉢にはんぺんを入れすりつぶす。なめらかになったら海老のすり身、魚のすり身、砂糖、濃口しょうゆ、薄口しょうゆを順番に少量ずつ加える。そこへ、溶きほぐして合わせた卵を少量ずつ加えながら、なめらかになるようにのばす。
② 22cm角のフライパンに油を薄くひき①を流し入れ、気泡が出てきたら箸でつぶしながら、ほどよいきつね色になるまでごくごく弱火で焼く（15分目安）。色がついたら、裏返してさらに5分ほど焼く。
③ 焼きあがったらフライパンから取り出し、巻きすで巻く。手前の辺の上角を斜めに切り落とし、そこを中心にする。
④ 輪ゴムで軽く留め、そのまま室温で冷ます。

ふぐのから揚げ

ふぐも今はご家庭で手軽に楽しめるようになりました。今回は小さい正才ふぐを使っています。ふぐはまず橙ポン酢に20分ほど漬けます。漬け込むポン酢は柚子のような香りの強い柑橘のものより、かぼすや橙のような柔らかい香りのほうが合うと思います。衣をつける前はしっかり水気をおさえましょう。そうすることで衣が均一につき、きれいに揚がります。油に入れたら、あまりさわらず、浮いてくるのを待ってください。揚げ物はすべて同じ要領です。

〔材料〕
正才ふぐ（三枚におろしたもの、片身約45g）　6枚
橙ポン酢　70cc
くず粉（または片栗粉）、揚げ油　各適量

〔作り方〕
① ふぐは片身を2等分してぶつ切りにし、橙ポン酢に20分ほど漬け込む。
② キッチンペーパーなどで表面の水気を取り、くず粉をしっかりとまぶして二度揚げする。まず低温からじっくりと、中まで火が通るように揚げ、二度目は油を高温にしてさっと揚げる。

やりいかとそら豆の揚げ物

春から初夏にかけて、そら豆と同じ時期に出回る小さなやりいか(ひいか)を使った揚げ物です。小さないかですが、内臓は取ってきれいに水洗いしてください。揚げたてが何より美味しいですから、食べる直前に揚げ、温かいうちに塩をふりましょう。
やりいかは身が柔らかく甘みがあります。さっと焚いたり、また湯通しして酢味噌和えなんかもいいですね。

〔材料〕
やりいか(ひいか)、そら豆　各適量
くず粉、水溶き小麦粉、揚げ油、塩　各適量

〔作り方〕
① やりいかは胴から足をはずし、スミ袋、目、くちばしを摘み取り、きれいに水洗いして、食べやすい大きさに切る。
② キッチンペーパーで水分をよく取り、くず粉をつけて、中温に熱した油で揚げ、塩をふる。
③ そら豆は、さやから出し皮をむき、水で溶いた小麦粉にくぐらせて、同じ揚げ油で揚げ、塩をふり、やりいかと一緒に盛りつける。

だし巻き卵

おだしは旨味ですから、たくさん入れれば美味しくなりますが、その分、固まりにくくなります。卵が小さい場合は、おだしを少し減らしてください。

また、お弁当に入れるなど、食べるまでに時間が空く場合は、水溶きくず粉（または片栗粉）を少々入れるとだしが流れにくくなります。卵巻きに慣れていない方は、焦げ目がつかないよう、弱火にするといいでしょう。

〔材料〕

卵　3個

一番だし　60cc／薄口しょうゆ　小さじ1

サラダ油　適量

※大根おろしの材料

大根、すだちの絞り汁、薄口しょうゆ　各適量

〔作り方〕

① ボウルに卵を割り入れてほぐし、一番だしと薄口しょうゆを加えて混ぜる。

② 卵焼き用のフライパンを熱して薄く油をひき、①の卵液を1/4量ほど流し入れ、焦げ目がつかないよう注意しながら巻いて端に寄せる。

③ 空いたスペースにサラダ油を薄くひき、②と同量ぐらいの卵液を薄く流し入れ、端に寄せた②の卵を箸で返しながら巻く。これを数回繰り返し、終わったら巻きすの上にのせて丸めて形を整える。

④ 大根は皮を厚めにむいておろし、軽く絞って、薄口しょうゆ、すだちで味を調える。粗熱の取れただし巻き卵を食べやすい大きさに切って器に盛り、大根おろしを添える。

とこぶしのかりんとう揚げ

かりんとう揚げは、くず粉を薄く均一につけると上手に揚がります。水分をきちんとおさえてからつけてください。とこぶしの旬は夏。磯の香りが高く旨味もしっかりあるので、味付けは塩だけで十分です。油と相性がとてもよい食材です。

〔材料〕
とこぶし、銀杏　各適量
塩、くず粉（または片栗粉）、揚げ油、サラダ油　各適量

〔作り方〕
① とこぶしは表面を洗って口の部分を落とし、縁側もぐるりと切り落とす。まな板の上に縦に置き、5㎜角くらいの拍子木切りにし、キッチンペーパーで水分をしっかり取ってくず粉を薄くまぶす。
② 揚げ油を中温に熱し、とこぶしを入れ、浮いてきたら上げる。揚げすぎると堅くなってしまうので、中火で3分ほどを目安に。
③ 銀杏は殻と薄皮をむいて、サラダ油をひいたフライパンに入れて振りながら炒め、最後に塩をふる。銀杏ととこぶしを皿に盛り合わせる。

小いも揚げ

田植えの時期、手伝いの途中のおやつの時間に食べさせてくれたのが、小いもでした。せいろで蒸した、蒸したての小いもにお塩をふっただけでしたが、本当に美味しいおいもやなぁと思いましたね。そんな小いもを使ったおかずをご紹介しましょう。

まずぬかを入れた水で柔らかく下茹でをしてから、おだしと調味料で味を含ませ、それから油で揚げる……と聞くと、とても手間がかかると思われるでしょう。実はこれは、晩に残った「小いもの煮物」を、翌日のおやつとして目先を変えた、母親の工夫から生まれた料理なのです。同じように、まずは少し多めに作って煮物としていただいて、翌日、残りを揚げるというのもいいですね。

子どもの頃家の食器棚の中には、大鉢に盛られた煮物が必ず入っていました。多かったのは、この小いもの焚いたものや、さつまいもの甘煮。今の方はびっくりされるかもしれませんが、大豆とタニシを焚いたの、なんていうおかずもありました。

小いもの茹で時間は10分目安ですが、大きさによって変わってきます。竹串を刺して火の通りを確認してください。

ぬかや米のとぎ汁は、小いものアクを抜くために使います。旨味は残してアクだけを抜く、昔からの優れた茹で方です。

〔材料〕
里いも　15個
八方だし　2カップ
砂糖　30g
塩　ひとつまみ
薄口しょうゆ　小さじ3
ぬか　ひとつかみ
くず粉、揚げ油　各適量

〔作り方〕
① 里いもは皮をむいて、たっぷりの水とひとつかみのぬか（または里いもが浸るくらいの米のとぎ汁）を入れた鍋で柔らかくなるまで煮る（15分目安）。柔らかくなった里いもをざるに上げてぬかをきれいに流水で洗う。
② 別の鍋に①の里いも、八方だし、砂糖、塩、薄口しょうゆを入れ15分ほど煮たら、火を止めて、そのまま室温で冷ます。
③ キッチンペーパーで煮汁をおさえ、くず粉をまぶし、中温の揚げ油で表面をかりっと揚げる。

揚げだし豆腐

かつおの香りのきいた熱々のおだしをかけて、召し上がってください。具がシンプルで淡白な味のものほど、おだしはしっかりといいものを作りましょう。お好みでもみじおろしを添えたり、七味唐辛子をかけてください。

〔材料〕
木綿豆腐　2丁
茄子　2本
一番だし　2・5カップ
かつお節　ひとつかみ（約10g）
薄口しょうゆ　大さじ2
砂糖　小さじ1
長ねぎ、揚げ油、小麦粉　各適量

〔作り方〕
① 豆腐は重石をして水分を取り、1丁を4等分に切る。キッチンペーパーで水分をおさえて、小麦粉を薄くはたき、中温の揚げ油で色よく揚げる。
② 鍋に一番だしとかつお節を入れて火にかけ、沸いたら砂糖、薄口しょうゆを加えて味を調え、キッチンペーパーを敷いたざるで漉す。
③ 茄子は皮を縞模様にむいてから、横半分に切り、中温の揚げ油で素揚げする。ねぎはみじん切りにする。
④ 器に豆腐と茄子を盛り合わせる。そこへ②のだしつゆを温めてかけ、仕上げにねぎをのせる。

かきの変わり揚げ

栄養価の高いかきの身を春巻きの皮で包み揚げました。衣をつけたかきフライとはまた違った食感です。

かきの旨味を生かすには、あまり火を通しすぎないことが大切です。揚げ時間はほんの2〜3分で十分ではないでしょうか。

そのままでももちろん、辛子じょうゆや酢じょうゆ、ポン酢につけても美味しいです。

〔材料〕
生がき　12個
春巻きの皮　3枚
三つ葉　1束
塩、胡椒、小麦粉、揚げ油　各適量

〔作り方〕
① かきは水洗いしてキッチンペーパーなどでやさしく水分をおさえ、塩、胡椒をふって、小麦粉を薄くまぶす。
② 春巻きの皮を4等分にし、①のかきを包み、端を水で溶いた小麦粉をのりにして留め、中温の揚げ油で揚げる。
③ 三つ葉は葉のついたところをちぎり、中温の揚げ油で色よく揚げ、②と盛り合わせる。

海老の南蛮焼き

甘辛く南蛮焼きにした海老は、おかずにもなりますが、お酒のおつまみにも合います。
海老を焼くときには、野菜をスプーンですくってのせ、一緒に焼きましょう。

〔材料〕
車海老　12尾
玉ねぎ　¼個
大根（3㎝）　100g
人参（2〜3㎝）　25g
長ねぎ（青いところ）　30g
白炒り胡麻　5g
サラダ菜　適量
漬けだれ
　濃口しょうゆ　50cc／みりん　50cc

〔作り方〕
① 海老は頭と胴の部分を手で切りはなす。胴は尾を残して殻をはずし背開きにして背わたを取り除く。
② 玉ねぎ、人参、長ねぎはみじん切りにする。大根は皮をむいておろし、軽く絞る。
③ 漬けだれの材料を混ぜ、その中に②の野菜と白炒り胡麻を入れ、①の海老を10分ほど漬け込み、野菜と一緒にフライパンで焼く。サラダ菜と盛り合わせる。

甘鯛の柚庵焼き

秋の香りを感じさせる柚庵焼きは、江戸時代に祐庵という茶人が発案したことから、この名前がついたと言われています。

この柚庵焼きには、焼くと身の堅くなる魚は向きません。甘鯛以外なら、銀だらや太刀魚、きすなどが良いでしょう。

〔材料〕

甘鯛（おろした片身、約60g） 4枚

サラダ油 適量

漬けだれ

みりん 60cc／濃口しょうゆ 大さじ3／柚子 1個

〔作り方〕

① 柚子は5㎜の厚さに輪切りにしてボウルに入れ、みりん、濃口しょうゆを加える。

② 甘鯛は1枚を半分ずつに切り、①の漬けだれに30分ほど漬ける。

③ サラダ油を薄くひいたフライパンを熱し、甘鯛を上下返しながら焼く。輪切りにした柚子（材料外）と一緒に器に盛りつける。

鍋物・汁物

食卓でコンロを囲んで食べる、家庭料理の醍醐味、鍋物。お鍋は材料を切っておけば、食卓で煮ながら食べることができます。一人で食べるより、大勢でわいわいとひとつのお鍋を囲んでいると話も弾みますね。

ここで、土鍋の扱い方について少しお話ししましょう。土鍋は使う30分くらい前から水を入れておくと、臭いが鍋に残りにくくなります。また急激な温度差は割れる原因となりますので、鍋の底の水気をふいてから火にかけるようにしてください。火から下ろす時も、急激に水につけたりしないように注意しましょう。必ずきちんと乾燥させてからしまうこと。しかし空焚きは厳禁です。

改めて見てみると、全国各地の郷土料理には本当にたくさんの種類の鍋料理があることに驚きました。

郷土料理というのは、新鮮な地の食材を素朴にいただく知恵の結晶。それが日本料理の基本なのだと思います。

鶏すき

すき焼きというと、牛肉を思い浮かべる方が多いと思いますが、私の田舎(京都)では、すき焼きと言えば「地鶏(かしわ)」を使います。お祭りなどの特別な日に母親がよく作ってくれたおかずです。

地鶏の肉は色に赤みがあって歯ごたえがあります。柔らかいブロイラーの鶏肉と違い、噛み締めるほどに味のある鶏です。その地鶏の脂身で、温めたお鍋をなじませてから、具とお水、調味料を入れていきます。調味料はお砂糖とおしょうゆだけ。関東のすき焼きと違い、割り下は使いません。そこに、丸ごと一匹分の地鶏とお野菜の旨味が出て、単純ながら実に美味しいすき焼きです。

具はお好みで何でも合いますが、冬から春にかけては九条ねぎや長ねぎ、夏なら新玉ねぎがお勧めです。後は、糸こんにゃくや焼豆腐、きのこ類なども美味しいでしょう。私は特に「焼き麩」を入れるのが好きで欠かせません。焼き麩をぬるま湯につけて戻して絞り、そのまま鍋に入れます。地鶏やお野菜の旨味をたっぷり吸い込んで、これがまた格別です。お野菜やお豆腐から水分が出てきて、地の味が薄くなってきたら、途中でお砂糖とおしょうゆを足しながらいただいてください。地の旨味を余すところなく味わうために、翌日は必ずこれを卵でとじて「親子丼」を作ります。これもまた、すき焼きが嬉しい理由のひとつですね。

〔材料〕
鶏肉（1羽分）
　胸肉／もも肉／レバー／ハツ／砂肝など
九条ねぎ　1束
糸こんにゃく　1袋（200g）
焼き麩　30g
焼き豆腐　1丁
砂糖　100g
濃口しょうゆ　150cc

〔作り方〕
①鶏肉は食べやすい大きさに切り分け、内臓の部分はきれいに水洗いし、適当な大きさに切る。
②こんにゃくは下茹でしてざるにとり、九条ねぎは根を落として食べやすい大きさに、焼き豆腐は6等分に切る。
③脂のついた皮を熱した鍋に入れなじませ、水1・5カップを注ぐ。
④沸いたら鶏の内臓と肉を入れ、再び沸いたら砂糖と濃口しょうゆを加える。こんにゃく、九条ねぎ、焼き豆腐、ぬるま湯で戻した焼き麩の順に具を入れ、火が通ったら食卓で、コンロにかけて温めながらいただきます。

粕汁

冬が深まる頃、絞りたての酒粕が出回ります。その頃に食べたくなる、私のおふくろの味がこれです。具には何かひとつ、だしの出るものを入れるとぐっと美味しくなります。私は冬のこの時期に旬を迎えるぶりを使います。ほかに、鮭やお肉でもいいでしょう。粕汁というのは、具だくさんにしていただくものです。お野菜もこれにこだわらずに、お好きなものを入れてみてください。

〔材料〕
酒粕　140g
ぶり（切り身）　2切れ／こんにゃく　120g
大根　120g／人参　60g／油揚げ　1枚／せり　適量
一番だし　4カップ／薄口しょうゆ　小さじ3／塩　小さじ1

〔作り方〕
①酒粕は100ccの一番だしを加え、15分ほどおく。
②こんにゃくは細い千切りにして10分ほど下茹でした後、ざるに上げる。大根、人参は皮をむき、1×4㎝くらいの短冊切りにし、同じく下茹でして、ざるに上げる。油揚げは大根、人参と同じくらいの大きさに切る。
③土鍋（または鍋）に残りの一番だし3・5カップを入れて火にかけ、酒粕を味噌漉しで漉しながら溶かし入れ、薄口しょうゆと塩を加える。
④③にぶり、こんにゃく、大根、人参、油揚げを加えて、中火で味を含ませる。食べる直前に、小口切りにしたせりを散らす。

かきの土手鍋

熱々の土手鍋が恋しくなる頃、かきも旬を迎えます。食材は旬の時期に使う、それが美味しい料理を作る基本です。土手鍋に使う味噌は、白味噌と赤味噌、それに砂糖、酒、みりんで甘さを加えて作ります。体が温まる、冬にぴったりのおかずですね。

〔材料〕
生がき　15〜20個
木綿豆腐　1丁
九条ねぎ　8本
土手味噌　300g

〔作り方〕
①生がきは水でよく洗う。九条ねぎは根を落として食べやすい長さに切る。木綿豆腐は6等分に切る。
②土鍋に生がき、九条ねぎ、木綿豆腐を入れて2カップの水を注ぐ。中火にかけて、土手味噌を溶き入れる。

◎土手味噌（出来上がり約350g）
〔材料〕
白味噌　250g／赤味噌　60g／砂糖　20g
酒　1カップ／みりん　10cc
〔作り方〕
材料すべてを鍋に入れて弱〜中火にかけ、30分ほど木べらでかき混ぜながら煮詰める。

たらちり鍋

たらは淡白な味で水っぽい魚ですし、ここにはお豆腐や九条ねぎも入りますから、鍋の汁自体にしっかり味をつけたほうが美味しいです。たらちり鍋というと、味噌仕立てを思い浮かべる方が多いと思いますが、今回はしょうゆ仕立てをご紹介します。

〔材料〕
たら（切り身）　500g
たらの白子　150g
木綿豆腐　1丁
九条ねぎ　5本
一番だし　5カップ
濃口しょうゆ　大さじ2

〔作り方〕
① たらは食べやすい大きさにぶつ切りにする。木綿豆腐は6等分に、九条ねぎは根を落として3〜4㎝の長さに切る。
② 鍋に一番だしを注ぎ、たらと白子を入れて火にかける。沸いたら木綿豆腐、九条ねぎを加え、濃口しょうゆで味を調える。

茶碗蒸し

茶碗蒸しはなめらかでないと美味しくありませんから、弱火でゆっくりと蒸してください。入れるお魚はお好みで、鯛でなくてもほかの白身魚、または蒲焼きのうなぎや焼き穴子でも美味しいです。

〔材料〕
鯛（切り身）　4切れ
車海老　4尾
百合根　4枚
銀杏　4粒
かまぼこ（7〜8㎜厚さに切ったもの）　4枚
卵　2個
一番だし　1と3/5カップ
薄口しょうゆ　小さじ4
糸三つ葉　適量

〔作り方〕
① 百合根は水できれいに洗い茹でる。海老は頭と殻、背わたを取って、銀杏は殻、薄皮をむき茹でる。
② ボウルに卵を割り入れて溶き、一番だし、薄口しょうゆを加える。
③ 器に①の材料とかまぼこ、鯛、3〜4㎝に切った糸三つ葉を入れて、②の卵液を漉しながら流し入れる。湯気の上がった蒸し器に入れ、弱火で30分ほど蒸す。

若竹汁

柔らかい、新筍を使った春のお椀です。

澄まし汁というのはおだしが要です。美味しい「一番だし」とともに旬の味を堪能しましょう。

生わかめはおだしで下味をつけてから使います。和え物に使うときのわかめと同様です。

〔材料〕
ゆで筍　120g
生わかめ（塩蔵）60g
一番だし　4カップ
塩　小さじ½弱
薄口しょうゆ　小さじ2
※わかめを煮るだし
　一番だし　3カップ

〔作り方〕
① ゆで筍は薄切りにする。わかめは水で塩を洗い、筋を縦に切り取り、食べやすい大きさに切り、さっと下茹でする。
② 鍋に一番だしとわかめを入れ、弱火で30分くらい味を含ませ、火を止めたら室温でおく。
③ 鍋に①の筍と一番だしを入れて火にかけ、沸いたらわかめを入れ、塩、薄口しょうゆで味を調える。

水菜鍋

水菜は、京菜とも呼ばれる京野菜のひとつです。冷たい風が吹きはじめる晩秋から冬、お鍋が恋しくなる時期に、水菜はどんどん美味しくなります。茎が太く、葉がぎざぎざとがったものを選びましょう。

お揚げは油が旨味になりますから、油抜きはしないでください。水菜はしゃきしゃきした歯触りが魅力ですので、食べる分ずつ入れて、しなびてしまう前に食べましょう。

お揚げの旨味が染み出たおだしもいい味になっていますから、水菜と一緒にすくって味わってください。

〔材料〕
水菜　2束（約450g）
油揚げ　3枚
一番だし　5カップ
薄口しょうゆ　40cc

〔作り方〕
① 油揚げは縦半分に切り、端から1cmくらいに切る。水菜は根元を落とし、4～5cmくらいの食べやすい長さに切りそろえる。
② 土鍋に一番だしと薄口しょうゆを入れて火にかけ、油揚げを入れて4～5分煮たら、水菜を加えながらいただく。

ご飯物

炊き込みご飯や丼ものというのも、立派なおかずのひとつだと思います。そういう日は味の濃い煮物よりも、美味しい汁物を添えましょう。

いつも言うのですが、炊き込みご飯は、やはり最初から具を一緒に炊いてほしいですね。生の筍だけは下茹でが必要ですが、えんどう豆や松茸などは生の素材をはじめから入れて炊くと旨味がご飯に移って、こんなに美味しいものかと思います。

素麺で作る温かいにゅうめんも私は好きで、今でもよくいただきます。塩焼きのお魚が残ったときは、それをおだしで焚いて、その中に素麺を入れて作ります。どちらも美味しいおだしをとることを忘れずに。

松茸ご飯

私の生まれは京都の丹波。若い頃から地元名産の松茸には、とても思い入れがあります。戦後間もなくは、松茸も今よりずっとたくさん採れました。子どもの頃は、私も籠を背負って山に入ったものです。11月になると「山があく」といって、誰でも自由に山に入ることができたのです。山の恵みのきのこや果実をいただけた、本当におおらかな時代でした。

取ってきた松茸がたくさんあるときは、フライにしてもらうことが多かったですね。旨味も水分も閉じ込めた、熱々のフライは格別でした。ひとつ丸ごと揚げるなんて、今考えると贅沢の極みですが、子どもの頃から慣れ親しんだ味というものは、簡単に捨て去れるものではありません。

松茸自体は笠の下にあの芳醇な香りがありますので、笠が開きかけたもののほうが、ご飯にはお勧めです。

松茸も、今はいろいろな産地のものが並んでいます。香りが少ないものもありますが、できれば具にはほかの食材を入れずに松茸だけで炊いてください。油揚げや鶏肉はせっかくの香りを消してしまい、もったいないなぁと思うのです。

〔材料〕
松茸 中3本（130g）
米 3合
一番だし 2・5カップ
薄口しょうゆ 大さじ3
三つ葉 適量

〔作り方〕
①米は洗ってざるに上げる。松茸は石づきを切り落とし、さっと洗って水気をおさえ、4㎝くらいの長さにして薄切りにする。
②土鍋に米と一番だし、薄口しょうゆを入れてさっと混ぜ、上に松茸をのせ蓋をして、強火にかける。沸騰して土鍋の蓋の穴から湯気が立ってきたら、弱〜中火で20分ほど炊く。火を止めて10分蒸らす。
③三つ葉はさっと茹でて、2㎝くらいの長さに切り、炊き上がったご飯に散らす。

筍ご飯

筍は春を告げる野菜の代表。4月から5月が一番美味しい時期です。採ってから時間がたつほどえぐ味が増してくるので、買ってきたらなるべく早く茹でましょう。皮に湿り気があり、先が黄色くて開いていないものほど新しい筍です。

〔材料〕

ゆで筍　200g

米　3合

一番だし　2・5カップ

薄口しょうゆ　大さじ3

三つ葉　適量

〔作り方〕

① 筍は厚さ2～3㎜の食べやすい大きさに切る。米は洗って、ざるに上げる。

② 土鍋に米、一番だし、薄口しょうゆを入れてざっと混ぜ、上に筍をのせて蓋をし、強火にかける。沸騰して土鍋の蓋の穴から湯気が上がったら、弱～中火で20分ほど炊く。火を止め、10分蒸らす。

③ 三つ葉はさっと茹で、2㎝の長さに切って散らす。

※生の筍を使う場合は、先を斜めに少し切り落とし、縦に切り目を入れ、たっぷりの水とひとつかみのぬかを入れた鍋で、皮ごと1時間ほど茹でる。水を足しながら、筍が茹で汁から出ないように注意する。そのまま常温において冷ます。冷めたら皮をむき、さっと洗ってぬかを落とす。

鯛茶漬け

鯛茶には、熱々の炊き立てご飯を用意してください。湯気の上がるご飯を茶碗に盛り、そこに胡麻和えにした鯛の刺身をのせ、またご飯をかぶせる。熱で鯛が少し蒸れたところに熱々のお茶をかければ、鯛の身にいい具合に熱が入り、また胡麻の香りも立ち、美味しくいただけます。
すり胡麻は、なめらかなものを使っていただきたいので、お持ちのすり胡麻に粒があるようなら、すり鉢でよくすってから和えてください。

〔材料〕
ご飯　茶碗4杯分
鯛（さくにおろしたもの）　120g
白すり胡麻　20g
一番だし　大さじ1
濃口しょうゆ　小さじ5
煎茶　適量
好みでわさび、のり　各適量

〔作り方〕
① 鯛は5㎜幅くらいの食べやすい大きさに切る。
② ボウルに粒がなくなるまですった胡麻を入れ、一番だし、濃口しょうゆでのばし、①の鯛を入れて和える。
③ 炊きたてのご飯に②をのせてご飯をかぶせ、好みでわさびやのりを添え、熱々の煎茶をかける。

親子丼

丼物というのは、だしの味が濃すぎると、食べきる前に飽きてしまいますから最後まで美味しくいただける味付けにしましょう。火からおろすタイミングは、余熱で卵が固まるのを考えて、少し早めに。

〔材料〕
ご飯　丼4杯分
鶏もも肉　1枚（約250g）／九条ねぎ　4本
だしつゆ　3カップ／卵　8個
糸三つ葉　適量／好みで粉山椒　適量

〔作り方〕
① 鶏肉は小さめに切る。糸三つ葉は茎の部分を3㎝の長さに切る。卵はボウルに割り入れてよく溶く。
② 鍋にだしつゆを入れて火にかけ、鶏肉を入れる。鶏肉に火が通ったら斜めに薄切りにした九条ねぎを入れて2〜3分、その後卵を流し入れ、卵がほどよく固まったら糸三つ葉を散らし火を止めて、ご飯の上にのせる。好みで粉山椒をふりかける。

◎だしつゆ（出来上がり約3・5カップ）

〔材料〕
鶏ガラ　170g／水　4・5カップ／みりん　150cc
濃口しょうゆ　60cc／薄口しょうゆ　70cc
かつお節　20g／昆布　8g

〔作り方〕
材料すべてを鍋に入れ強火にかけ、沸いたら弱〜中火で45分ぐらい煮詰める。

かやくご飯

かやくご飯は、お揚げの旨味とごぼうの香りを生かした炊き込みご飯です。子どもの頃も今も、炊き込みご飯はうれしいですね。豪華なおかずに匹敵する美味しいご飯ですから。

〔材料〕
こんにゃく　50g／油揚げ　1枚／人参　20g／ごぼう　50g
米　3合
一番だし　2・5カップ
薄口しょうゆ　大さじ3
好みで三つ葉　適量

〔作り方〕
① 米は洗ってざるに上げる。油揚げは縦半分に切ってから3㎜くらいの細切り、こんにゃくは3㎜くらいの細切りにし、1〜2分下茹でする。ごぼうは土をきれいに洗い落として、薄いささがきに、人参は皮をむいてみじん切りにする。
② 土鍋に米と一番だし、薄口しょうゆを入れ、①の具をざっと合わせ蓋をして火にかける。初めは強火にし、土鍋の蓋の穴から湯気が立ってきたら、弱〜中火にして20分炊き、火を止めて10分蒸らす。ご飯が炊き上がったらお好みで、さっと茹でた三つ葉を2㎝くらいに切って散らす。

牛そぼろと炒り卵ご飯

お弁当に、朝ごはんに、作る手間はそうかからず重宝するおかずです。

炒り卵はそんなに細かくする必要はありません。牛ひき肉の代わりに鶏ひき肉でもよいでしょう。

〔材料〕

ご飯　茶碗4杯分

※牛そぼろ

牛ひき肉　200g

砂糖　30g

濃口しょうゆ　50cc

※炒り卵

卵　3個

サラダ油　大さじ1

砂糖　10g

濃口しょうゆ　10cc

〔作り方〕

① 牛そぼろは、鍋に水1・5カップを入れて火にかけ、沸いたらざっくりほぐしたひき肉を入れ、アクを取る。アクが落ち着いたら砂糖と濃口しょうゆを加え、弱火にして、煮汁が少なくなるまで煮詰める。

② 炒り卵は、ボウルに卵を割り入れ、よく溶きほぐしたところに、サラダ油、砂糖、濃口しょうゆを加えてよく混ぜる。フライパンを熱したら弱火にし、卵液を流し入れる。さい箸3～4本を束ねてそぼろ状になるよう混ぜながら炒る。

③ ①と②をご飯の上にのせる。

豆ご飯

水分と甘みのある春の新豆を、生のまま使いましょう。ほんのり塩味のついたご飯に、新物のお豆ならではの風味が移ってとても美味しく炊き上がります。下茹では必要ありませんので、手間もかからず簡単です。

〔材料〕
米　3合
グリーンピース　150g
昆布(8〜10㎝)　5g
塩　小さじ½強

〔作り方〕
① 米は洗ってざるに上げる。
② 土鍋に、米と水2・5カップ、グリーンピース、昆布、塩を入れ、蓋をして強火にかける。
③ 沸騰して蓋の穴から湯気が上がったら弱火にし、20分ほど炊く。火を止め10分蒸らす。

鯛にゅうめん

本来にゅうめんとは、だしの旨味を麺に含ませたもの。お蕎麦とは違って素麺が少々柔らかくなっても、味がしっかりついているほうが美味しいものなのです。ですからおだしはきちんととって、いいお味をつけましょう。

〔材料〕
素麺　4束
小鯛（1尾約150gのもの）　2尾
一番だし　7・5カップ
濃口しょうゆ　大さじ1
薄口しょうゆ　大さじ1
砂糖　小さじ2
塩　小さじ1
糸三つ葉　適量

〔作り方〕
① 鯛は包丁の先で、尾のほうからうろこをはがし取る。お腹を開いて内臓を取り除き、きれいに水洗いする。腹びれは切り落とす。
② 熱湯に鯛をさっとくぐらせ、水でやさしく洗いながら、残ったうろこなどを取り除く。
③ 素麺を堅めに茹で、流水にとってよく洗い、ざるに上げる。
④ 鍋に一番だしと濃口しょうゆ、薄口しょうゆ、砂糖、塩、鯛を入れて火にかける。鯛に火が通ったら、水気をよく切った素麺を加え、アクを取りながら5分ほど煮る。
⑤ 糸三つ葉は茎の部分のみを3㎝くらいに切り、食べる直前に散らす。

和風かにチャーハン

今回は渡りがにを使いましたが、毛がにや缶詰でもいいと思います。野菜もこれにこだわらず、お好きな野菜、または日々の残りものなど上手に使ってください。長ねぎは細かくせずに大きめのほうが、焦げずに香りよく仕上がります。

〔材料〕
ご飯　茶碗4杯分
渡りがに（ほぐし身）　100g
生椎茸　5個
長ねぎ　1本
卵　4個
塩　小さじ1
胡椒　少々
薄口しょうゆ　小さじ1弱
サラダ油　120cc

〔作り方〕
① 椎茸は軸を切り1cm角に、ねぎは5mmの輪切りにする。卵はボウルに割り入れ溶く。
② 中華鍋にサラダ油40ccを入れて弱火で熱し、溶き卵を流し入れ、かき混ぜ、炒り卵状にして皿に取り出す。
③ 同じ鍋にサラダ油40ccを入れ、ねぎ、椎茸を炒め、さらにかにの身を加えてさっと炒め、卵の皿に取り出す。
④ 同じ鍋にサラダ油40ccを入れ、ご飯をほぐしながら炒める。ご飯がほぐれたら②と③の具を戻して切るように混ぜ、塩、胡椒、薄口しょうゆで味を調える。

甘味

子どもの頃のおやつというと、母親が小豆の新豆と新米でおはぎを作ってくれていたことを思い出します。それから、丁稚の頃、出前に出された帰りに、「しがらき餅」や「わらび餅」の屋台を見つけては買っていたことも忘れられません。こっそり楽しんだおやつは格別に美味しかったんです。

和菓子もおかず同様、昔から日本人と共に歩み育まれてきたもの。日本の行事と深い結びつきを持っています。たまには、手作りのおやつを作ってみてはどうでしょう。きっといい思い出になりますよ。

ぜんざい

小豆の皮は、ほかのお豆と違って水分を通さないので、一晩水につける必要はありません。大切なことは、シブ抜きのためにはじめの煮汁を捨てることと、「びっくり水」を加えることです。「びっくり水」とは、はじめの水が沸騰してから間もなく、お湯の温度を下げるために加える水のことを言います。お砂糖は必ずお豆が柔らかくなってから加えてください。煮上がったら自然に冷まし一晩おくと、甘みが染みて美味しくなります。

〔材料〕

小豆　300g

砂糖　200g

塩　小さじ½

〔作り方〕

① 小豆は軽く水洗いし、小豆の3倍の水とともに鍋に入れ火にかける。

② 沸騰したら、水2カップの差し水をし、15分ほど弱火で煮てから、煮汁を一度捨てる。

③ 再び、多めの水を加え弱火にかける。途中で小豆が煮汁から出ないように、1カップの水を何度か加えながら柔らかくなるまで煮る。

④ 小豆が柔らかくなったら、煮汁の量を豆から2㎝くらい上にくるように砂糖と塩を加え、弱火で5分ほど煮て火を止め、そのまま一晩おいて味を含ませる。

109

しがらき餅

もち米と普通のお米を半々に合わせ、それを蒸してついたお餅です。残ったお米の粒感が面白いでしょう。これは私が幼少の頃に屋台で売られていたおやつ。さらしにくるまったしがらき餅を水の中から取り出し、目の前で、たこ糸を使って切っては、きなこや黒胡麻をまぶしてくれました。昔の人は上手におやつを作ったものです。

〔材料〕
もち米、米　各1合
きなこ　15g／砂糖　15g／塩　ひとつまみ
黒すり胡麻　15g／砂糖　5g
青のり　5g／砂糖　5g

〔作り方〕
① もち米と米は合わせて洗って一晩水につけ、蒸気の上がった蒸し器で20分ほど強火で蒸す。
② 蒸し上がったら、熱々のうちにすり鉢に入れ、すりこ木でつく。もち米の形がなくなったら、直径3㎝ほどの円筒形にし、たっぷり濡らしたさらしなどできっちり包み、両端を輪ゴムで留め、冷水につけておく。
③ 冷めて少し堅くなったら取り出し、濡らした包丁で1㎝の厚さに切り、それぞれの分量の甘みをつけた、きなこ、黒すり胡麻、青のりをまぶす。

あとがき

多くの父親は背広姿なのに、自分の父親はいつも白衣姿。幼稚園のお迎えも、遠足の見送りも、いつも白衣で登場。幼少期の私は、そんな父の格好を好きになれずダダをこね、両親を困らせた記憶があります。

それでも父は怯《ひる》まず、毎年の運動会には必ず秋の味覚いっぱいのお弁当を届けてくれていました。その味は、運動会の思い出とともに私の中にしっかりと残っています。初秋の風の匂いが、今でもその思い出を甦らせます。

思えば、料理人の父が作ったお弁当は、子どもには贅沢なものでした。当時の私は、その有難さがわかる年ではありませんでしたが、今ではそのことが本当に掛け替えのない宝物になっています。お恥ずかしながらそれに気がついたのは、ずっと大人になってからでした。

この本でご紹介しているのは、父自身が子どもの頃に食したおかずが中心です。物がない時代に育った父にとって、祖母が苦労して手に入れた食材で作ったおかずは何よりのごちそう、そして大切な「思い出」でもあるのです。

古き良き風習が失われていく現代。「おかず」は残念ながら家庭の味でなくなりつつあるように感じます。

日本のおかずは、先人の知恵と工夫から生まれた素晴らしいものであるということを、本書を通して多くの方に知っていただきたいと思います。そして、この伝統のおかずをひとつでも多く、これからの世代に伝えていってほしいと思うのです。だからこそ、この本をはやりの料理本にしたくありませんでした。

ずっとずっと末永く、家庭料理の教科書として活用していただけましたら幸いです。

読者の皆様、この本のレシピは、技術を要する懐石料理のレシピとは違います。難しく考えず、どんどん作ってみてください。皆様にとっての「思い出の味」はそこから生まれます。父や私のように、いつか、その忘れられない味を作ってくれた人に心から感謝をするときが来るでしょう。

二〇〇八年春　西　麻里子

西　健一郎

昭和12年8月8日、料理人・西音松の四男として、京都市に生まれる。
京都の名店「たん熊」に修業に入り、30歳で独立、東京新橋に「京味」を開店する。
命名は裏千家15代家元、現在の千玄室氏。

スタッフクレジット

料理：西　健一郎
プロデュース・構成・レシピ作成・文：西　麻里子
デザイン：伊丹友広（イットイズデザイン）
写真：長嶺輝明
装画・挿絵：丹地陽子
取材：風間詩織
撮影協力：小松宏子
編集：舘野晴彦（幻冬舎）　菊地朱雅子（幻冬舎）
編集アシスタント：竹村優子（幻冬舎）

日本のおかず

2008年3月20日 第1刷発行

著者：西 健一郎
発行者：見城 徹

発行所：株式会社 幻冬舎
〒151-0051東京都渋谷区千駄ヶ谷4-9-7
電話：03（5411）6211（編集）
03（5411）6222（営業）
振替：00120-8-767643
印刷・製本所：図書印刷株式会社

検印廃止

ISBN978-4-344-01470-1 C0070

幻冬舎ホームページアドレス http://www.gentosha.co.jp/
この本に関するご意見・ご感想をメールでお寄せいただく場合は、
comment@gentosha.co.jpまで。